Schmutz, Elend und Gewalt?

Regensburger Schriften zur Volkskunde/ Vergleichenden Kulturwissenschaft

herausgegeben vom
Regensburger Verein für Volkskunde e.V.

Daniel Drascek
Helmut Groschwitz
Gunther Hirschfelder
Bärbel Kleindorfer-Marx
Manuel Trummer

Band 45

Robin von Taeuffenbach

Schmutz, Elend und Gewalt?

Das Mittelalter als mediale Retrodystopie in filmischen Umsetzungen des Shakespeare-Dramas Henry V

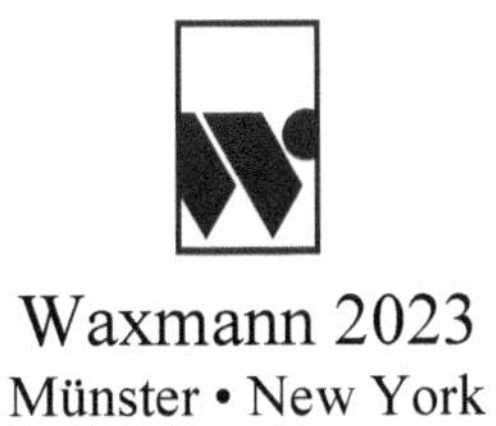

Waxmann 2023
Münster • New York

Bibliografische Informationen der Deutschen Nationalbibliothek
Die Deutsche Nationalbibliothek verzeichnet diese Publikation in der Deutschen Nationalbibliografie; detaillierte bibliografische Daten sind im Internet über http://dnb.dnb.de abrufbar.

Regensburger Schriften zur Volkskunde/
Vergleichenden Kulturwissenschaft, Bd. 45

ISSN 2196-9558
Print-ISBN 978-3-8309-4687-8
E-Book-ISBN 978-3-8309-9687-3

www.waxmann.com, info@waxmann.com

Umschlaggestaltung: Pleßmann Design, Ascheberg
Titelbild: © Johannes Weber
Druck: CPI Books GmbH, Leck
Gedruckt auf alterungsbeständigem Papier, säurefrei gemäß ISO 9706

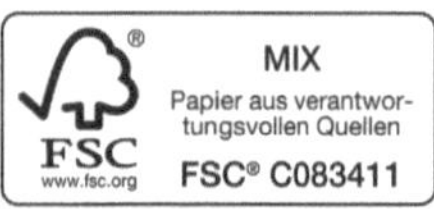

Dieses Buch wurde
klimaneutral produziert.

Printed in Germany

für Elfi und Alois Janner

für Linde und Gerhard von Taeuffenbach

Danksagung

Diese Veröffentlichung beruht auf einer Masterarbeit, die ich 2021 im Fach *Public History und Kulturvermittlung* an der Universität Regensburg verfasst habe.

Ich bedanke mich herzlichst bei Herrn Prof. Dr. Manuel Trummer, der das Vorhaben von Beginn an betreute und mir die Freiheit gab, meine theoretische Überlegung mit dem Konzept der Retrodystopie zur Anwendung kommen zu lassen. Mit großer fachlicher Kompetenz im Bereich der Populärkulturforschung habe ich mich stets auf seinen Rat und wertvolle Hilfe verlassen können.

Weiterhin gilt mein Dank Herrn Prof. Dr. Daniel Drascek, der das Entstehen der Arbeit als Zweitbetreuer begleitete und mich mit erfahrenem Blick und großer Hilfsbereitschaft bei der Konzeption unterstützte.

Schließlich danke ich all denjenigen, ohne die dieses Buch nicht existieren würde: Meinen Eltern und Großeltern, die mich auf meinem akademischen wie persönlichen Weg stets bedingungslos und liebevoll unterstützten. Meiner langjährigen Partnerin, die mir zur Seite steht, wann immer ich sie brauche. Meinem Freund, dem Künstler Johannes Weber, für die Bereitschaft, das Titelbild für diese Publikation zu gestalten.

Robin von Taeuffenbach,
Regensburg im Mai 2023

Inhalt

1. Medial vermittelte Vorstellungswelten eines „finsteren Mittelalters" in der Populärkultur

Am Rande der Erdscheibe kniet ein Wanderer, der seinen Kopf aus dem Sternenhimmel hinausstreckt, welcher sich kuppelförmig über die Welt spannt. Dieses Bild, abgedruckt in zahlreichen deutschsprachigen Schulbüchern, soll die im Mittelalter herrschende Vorstellung einer flachen Erde illustrieren. Tatsächlich stammt es aus Camille Flammarions *Météorologie populaire* aus dem Jahr 1888. In einem Aufsatz von 2014 entkräftigt der österreichische Historiker Roland Bernhard diesen populären Mythos, denn die mittelalterlichen Gelehrten seien, wie schon ihre Vorgänger in der Antike, von der Kugelgestalt der Erde überzeugt gewesen.[1] Gleichzeitig behandelt er mit diesem Beispiel die Tradierung von vergangenen Geschichtsbildern, die bis heute Bestand haben. Die Historikerin und *Spiegel*-Autorin Eva-Maria Schnurr beklagt 2015 in einem Artikel: „Gäbe es so etwas wie ein Antidiskriminierungsgesetz für Epochen, das Mittelalter wäre unter den Nutznießern ganz vorn dabei. Über kaum einen Zeitabschnitt der Geschichte gibt es so viele Vorstellungen, die so daneben liegen."[2]

Das Mittelalter hat also offenbar ein „schlechtes Image", denn die stereotypen Bilder einer schmutzigen, rückständigen und gewalttätigen Zeit betreffen meist nicht die Vormoderne an sich, sondern die mittelalterliche Epoche im Speziellen. Dies zeigt mitunter ein bewusster Vergleich mit der Darstellung anderer Epochen, wie etwa in einer Dokumentationsreihe der Sendung *Terra X* des Zweiten Deutschen Fernsehens aus dem Jahr 2016: Menschen mit verschmutzten Gesichtern stapfen unter einem grauen Himmel durch eine schlammbedeckte Straße. Eine Frau kippt Urin aus einem Eimer aus dem Fenster. Als sie einen Passanten damit erwischt, beleidigen sich beide auf zotige Art und Weise. Die Ausgabe *Ein Tag im Mittelalter* behandelt das Leben des fiktiven Wundarztes Jakob Althaus, der Mitte des 15. Jahrhunderts in Frankfurt am Main lebt.[3] Ein Off-Erzähler weiß zu berichten: „Er lebt in einer Stadt voller Dreck. Die morastigen Gassen sind Krankheitsherd und Unfallrisiko Nummer Eins. […] Sein Alltag ist hart, genau wie der Umgangston. Kommt es zum Streit, sind die

1 Vgl. Bernhard: De-Konstruktion des Mythos' der flachen Erde (2014), S. 42–45.

2 Schnurr: Alles anders!, Online-Artikel des Spiegels vom 27.01.2015 auf: spiegel.de, zuletzt aufgerufen am: 14.01.2023.

3 Vgl. Ein Tag im Mittelalter, Ausgabe der Sendung Terra X vom 11.12.2016, verfügbar in der Mediathek auf: zdf.de, zuletzt aufgerufen am: 14.01.2023.

Verletzungen meist lebensgefährlich."[4] Zwar werden auch immer wieder Aspekte wie neue Erfindungen oder Fortschritte in der Medizin angesprochen, den Zuschauer:innen zeigt sich allerdings deutlich: Das Mittelalter muss eine besonders fürchterliche Zeit gewesen sein. In der Darstellung der Sendung herrscht ein raues gesellschaftliches Klima, die Menschen kämpfen um ihr Überleben, Gewalt ist an der Tagesordnung und die hygienischen Zustände sind katastrophal. Merklich anders verhält sich dies jedoch bei *Ein Tag im alten Rom* aus derselben Reihe: In der antiken Großstadt ist zwar die tägliche Brotversorgung ein Problem und man verrichtet sein dringliches Geschäft gerne in der Öffentlichkeit, doch die Sonne scheint, das Leben wirkt farbenfroh. Schlamm in den Straßen, der Dreck auf den Gesichtern und die schlechten Umgangsformen fehlen hier.[5] Dazu passt die Bemerkung des Historikers Andreas Sommer, dass es besonders ein Charakteristikum des Antikenfilms sei, eine reiche Farbenpracht aufzuweisen, die sich in Kulissen, Requisiten und Gewändern widerspiegle, da er sich an die Historienmalerei des 19. Jahrhunderts anlehne.[6]

Das etablierte Mittelalterbild lässt sich darüber hinaus treffend anhand diverser Online-Artikel von Lokalzeitungen zeigen, die in den letzten Jahren das Mittelalter im Kontext der jeweiligen Stadtgeschichte zu betrachten versuchten: „Stinkende Stadt im Mittelalter: Köln versank in Fäkalien"[7], heißt es da 2016 im *Kölner Express*; die *Frankfurter Neue Presse* erklärt im Jahr darauf die „8 Gründe, warum es gut ist, dass Du nicht im Frankfurt des Mittelalters lebst". Von einem „Morast aus Müll und Fäkalien"[8] ist dort die Rede, von Menschen, die ihren Unrat auf die Straßen kippen, sich in der Öffentlichkeit prügeln, ständig betrunken sind und sich kaum zu waschen pflegen.[9] Möglicherweise wurde man hier sogar von der *Terra X*-Folge inspiriert, da die getroffenen Aussagen zum Teil deckungsgleich sind. Augenscheinlich handelt es sich um Vorstellungen, die man bereits in der ein oder anderen Form gehört oder gelesen hat – ob im Fernsehen, beim Besuch einer Ausstellung oder im Rahmen einer Stadtführung. Auch im Bereich der Kultur- und Tourismusbranche treten an mittelalter-

---

4 Ein Tag im Mittelalter, Ausgabe der Sendung Terra X vom 11.12.2016, verfügbar in der Mediathek auf: zdf.de, zuletzt aufgerufen am: 14.01.2023.

5 Vgl. Ein Tag im alten Rom, Ausgabe der Sendung Terra X vom 04.12.2016, verfügbar in der Mediathek auf: zdf.de, zuletzt aufgerufen am: 14.01.2023.

6 Vgl. Sommer: Geschichtsbilder und Spielfilme (2010), S. 34f.

7 Wozelka: Stinkende Stadt im Mittelalter: Köln versank in Fäkalien. Online-Artikel des Express Köln vom 04.06.16 auf: express.de, zuletzt aufgerufen am: 14.01.2023.

8 Gottschalk: 8 Gründe, warum es gut ist, dass Du nicht im Frankfurt des Mittelalters lebst. Online-Artikel der Frankfurter Neuen Presse vom 26.10.17 auf: fnp.de, zuletzt aufgerufen am: 14.01.2023.

9 Vgl. Gottschalk: 8 Gründe, warum es gut ist, dass Du nicht im Frankfurt des Mittelalters lebst. Online-Artikel der Frankfurter Neuen Presse vom 26.10.17 auf: fnp.de, zuletzt aufgerufen am: 14.01.2023.

lichen Schauplätzen gehäuft die Narrative des „finsteren Mittelalters" auf.
Die Kulturwissenschaftlerin Barbara Krug-Richter schildert hierzu in ihren Aufsatz *Abenteuer Mittelalter?* (2009):

> „Das sinnlich wahrnehmbare Geschichtserlebnis hat die trockenen, faktenbasierten Ausführungen durch stadthistorische Experten vielfach abgelöst. An deren Stelle treten Nachtwächter und andere ‚Rollenspieler' […]. Sie folgen den Spuren vermeintlicher Hexen und realhistorischer Krimineller, begleitet von Touristengruppen, die begierig auf Geschichten aus der vermeintlich finsteren Vergangenheit warten."[10]

Während die Geschichtswissenschaft spätestens seit der Herausbildung der kultur- und sozialhistorischen Disziplinen zu differenzierteren Ergebnissen kommt[11], halten sich die vordergründig negativen Bilder der Epoche hartnäckig. Um den Grund dafür zu finden, scheint man nicht weit blicken zu müssen: Zahlreiche mediale Darstellungen, allen voran Spielfilme und Fernsehserien, zeigen das Mittelalter entsprechend jener Stereotype, die der Historiker Bodo von Borries bereits in den 1990er Jahren in die beiden dominanten Komplexe „Schmutz-Seuche-Tod" und „Ritter-Burg-Kampf" einteilte.[12] Zweifelsohne besitzen gerade diese Bilder eine besonders große Attraktivität in der Populärkultur, da sie den gewünschten Erlebnischarakter bei filmischen Erzählungen bedienen. Der Historiker Edgar Wolfrum misst vor allem dem Einfluss des Fernsehens eine hohe Bedeutung bei, das „[…] die Grundversorgung der Gesellschaft mit Geschichtsbildern übernommen"[13] habe. Die Kritik an massenmedialer Geschichtsvermittlung sei dabei nicht neu. Bereits im ausgehenden 19. Jahrhundert habe sich im Zuge des „Denkmal-Booms" Unmut über den Appell an die Emotionen auf Kosten der Ratio abgezeichnet. Auch die geschichtlichen Sendungen des Hörfunks in den 1920er Jahren wären dem Verdacht ausgesetzt gewesen, die „bürgerliche Hochkultur" zu verdrängen, bevor in den 1950er Jahren die Skepsis gegenüber dem massenmedialen Einfluss des Fernsehens angestiegen sei.[14]

Heute erfreuen sich Mittelalterfilme[15] ungebrochener Beliebtheit und so finden sich diese nicht nur regelmäßig im Kino, sondern nunmehr auch unter den Angeboten der Streaming-Dienste. Der weltweit größte Anbieter *Netflix* produzierte 2018 mit *Outlaw*

---

10 Krug-Richter: Abenteuer Mittelalter? (2009), S. 65.

11 Vgl. Lundt: Das ferne Mittelalter in der Geschichtskultur (2009), S. 226f.

12 Vgl. von Borries: Das Mittelalter im Geschichtsbewusstsein (1999), S. 283.

13 Wolfrum: Neue Erinnerungskultur? (2003), S. 36.

14 Vgl. Wolfrum: Neue Erinnerungskultur? (2003), S. 37.

15 Ob der Mittelalterfilm als eigenes Genre zu bezeichnen ist, ist umstritten, siehe etwa Röckelein: Mittelalter-Projektionen (2007), S. 41. Im Folgenden wird der Begriff in der Definition als Historienfilm genutzt, der in der mittelalterlichen Epoche angesiedelt ist.

King einen Film um den schottischen König Robert I. und dessen Widerstand gegen den englischen König Eduard I. mit einem Budget von 120 Millionen US-Dollar[16]. Ein Jahr darauf folgte das Historiendrama *The King*. Basierend auf den Stücken *Henry IV* und *Henry V* William Shakespeares, dreht sich der Film um Prinz Heinrich, den ältesten Sohn Heinrichs IV. von England, der in den wieder aufflammenden Konflikt des Hundertjährigen Krieges gerät und nach dem Tod des Vaters lernen muss, ein König zu sein. Die Produktion ist längst nicht die erste, der Shakespeares Werk aus dem späten 16. Jahrhundert als Grundlage dient. Bereits 1944 war mit *Henry V*[17] ein aufwendiger britischer Farbfilm gedreht worden, der auf den klassischen Dramen basiert. Nach dem Erfolg der Produktion ist Shakespeares Stück zu einer der beliebtesten Vorlagen für britische Historienfilme avanciert. Eine große, gleichnamige Verfilmung von 1989 interpretierte den Stoff neu und sollte ihn für das moderne Kino präsentieren.

Gerade dort, wo der Fokus der Filmproduktionen auf den „großen Stoffen und Namen“ der Geschichte liegt, bietet sich Forschenden mit einem vergleichenden Ansatz ein vielversprechendes Feld, denn die Verfilmungen erfahren in verschiedenen Zeitabschnitten häufig unterschiedlich ausgerichtete Neuauflagen und -interpretationen, da sie sich stets an den jeweiligen zeithistorischen Geschmack anpassen. So besitzen Filme aus der Zeit des Zweiten Weltkrieges oder der 1980er Jahre eine merklich andere Bildsprache als aktuelle Produktionen. Dies zeigt sich sehr anschaulich an den drei herausgegriffenen Beispielen. Während die Darstellung der *Netflix*-Produktion eine weitgehend düstere visuelle Inszenierung und einen vermeintlichen grafischen Realismus aufweist, zeigt der Film von 1944 ganz andere Seiten: Die Kostüme sind bunt, die Rüstungen glänzen, die Ritter gebärden sich heldenhaft und ehrenvoll. Die Version der 1980er Jahre kündigt spürbar den Übergang zwischen beiden Tendenzen an.

Nun kann, aus geschichtswissenschaftlicher Perspektive, der einen Art der Darstellung schlicht eine Romantisierung, der anderen eine Dämonisierung einer vielschichtigen historischen Epoche vorgeworfen werden. Die gravierenden Unterschiede ziehen jedoch aus didaktischem und besonders aus kulturwissenschaftlichem Blickwinkel die Frage nach sich, was zu dieser starken Verschiebung in der Wahrnehmung geführt hat. Weshalb sieht das Mittelalter in einem Film von 1944, abseits von

16 Vgl. Outlaw King in der Internet Movie Database auf: imdb.com, zuletzt aufgerufen am: 14.01.2023.

17 Der Film wurde unter dem vollständigen Titel *The Chronicle History of King Henry the Fift with His Battell Fought at Agincourt in France* uraufgeführt, wird ansonsten aber als *Henry V* bezeichnet.

Technik oder Effekten, so anders aus als heute? Welcher Mittel bedient man sich zur Darstellung dieser imaginierten Vergangenheiten und welche gesellschaftlichen Phänomene und kulturellen Bedürfnisse äußern sich in den unterschiedlichen Vorstellungswelten, die sich hier als Motive offenbaren? Diesen Fragen soll in der vorliegenden Arbeit anhand einer vergleichenden Filmanalyse exemplarisch herausgegriffener Szenen der Produktionen *Henry V* (1944), *Henry V* (1989) und *The King* (2019) nachgegangen werden. Ein besonderes Augenmerk liegt dabei einerseits auf der visuellen Gestaltung und Wirkung der jeweiligen Filme, etwa im Bereich der Lichtstimmungen, Farben, Bühnenbildern oder Kostümen, und andererseits auf Aspekten wie Schmutz, Gewalt und Unterdrückung, die die Vorstellungswelten des finsteren Mittelalters üblicherweise markieren.

2. Theoretische Grundlegung und Forschungsstand

2.1 Retrodystopien – Selektive Vergangenheitsbilder

Bei Betrachtung populärer Geschichtsbilder der jüngeren Vergangenheit wird deutlich, dass diese nicht selten positive Konnotationen aufweisen und von nostalgischen Gefühlen geprägt sind.[18] Im Gegensatz zu den modernen Vorstellungen über die mittelalterliche Epoche wird eine undifferenzierte, aber näher liegende Vergangenheit häufig idealisiert. Diese Beobachtung ist einer der Ausgangspunkte für das Werk *Retrotopia* des polnisch-britischen Soziologen Zygmunt Bauman aus dem Jahr 2017. Angelehnt an dessen *Retrotopie*-Begriff wird folgend die Entwicklung eines *Retrodystopie*-Begriffs vorgenommen. Dieser entsteht aus der Annahme heraus, dass sich negativ behaftete Vergangenheitsbilder, wie die des finsteren Mittelalters, wesentliche Merkmale, Eigenschaften und kulturelle Hintergründe mit jenen der populären Dystopien teilen, womit eine vergleichbare Umkehrung erfolgt ist, wie sie der Soziologe für die Utopie beschrieb.

2.1.1 Der Retrotopie-Begriff

Zygmunt Bauman prägte mit *Retrotopia* einen Begriff, mit dem sich eine Reihe moderner kultureller Phänomene treffend beschreiben lässt. Er greift darin auf das frühneuzeitliche Werk *Utopia*[19] des englischen Staatsmannes und humanistischen Autors Thomas Morus zurück. Dieser übt im ersten seiner beiden Bücher deutliche Kritik an den herrschenden politischen und sozialen Zuständen im England des frühen 16. Jahrhunderts. Der zweite Teil geht anschließend in den Bericht über die fiktive Insel *Utopia* über und beschreibt die Struktur des dort befindlichen Staates und das Leben seiner Bewohner:innen. Das hier skizzierte politische Modell prägt bis heute theoretisch und literarisch konzipierte Idealvorstellungen.[20]

---

18 Vgl. Boym: Nostalgia and its Discontents (2007), S. 1–5.

19 Der vollständige Titel lautet *De Optimo Reipublicae deque nova insula Utopia Libellus vere aureaus, nec minus salutaris quam festivus* (Von der besten Staatsverfassung und von der neuen Insel Utopia, ein wahrhaft goldenes Büchlein, genauso wohltuend wie heiter). Morus‘ Wortschöpfung leitet sich von dem griechischen Wort *outopia* („Nicht-Ort“) ab, besonders für die englische Aussprache womöglich aber auch von *eu-topia* („Gut-Land“). Vgl. Enzyklopädie des Märchens 13 (2010), s.v. Utopie, Utopia, Sp. 1298.

20 Vgl. Arnswald: Zum Utopie-Begriff in der Politischen Philosophie (2010), S. 4.

An dieser Stelle sei angemerkt, dass Utopien nicht zwingend – wie der Begriff der Idealvorstellungen vielleicht nahelegt – positiv konnotiert sein müssen. Zunächst handelt es sich lediglich um „fiktionale, anschauliche, gemachte Entwürfe von positiven oder negativen Gegenbildern, die sich implizit oder explizit kritisch auf eine historische Wirklichkeit beziehen, in der sie entstanden sind“[21]. Utopien sind also untrennbar mit dem zeitgeschichtlichen Kontext verknüpft und speisen sich folglich aus den jeweils vorherrschenden Wünschen, Ängsten und Bedürfnissen. Sie stellen in der Regel einen Entwurf einer alternativen Gesellschaftsordnung dar, die noch nicht existiert.[22] In häufig fantastischen Bildern manifestieren sich so reale Sehnsüchte des Menschen, wie die Überwindung sozialer Missstände wie Hunger und Armut oder der Zugewinn von Macht.[23]

Im Fall des berühmten literarischen Vorbildes *Utopia* handelte es sich, so Bauman, um ein Paradies, eine imaginierte Errichtung des Himmels auf Erden. Die Utopie habe in den letzten fünfhundert Jahren zudem eine Negation erfahren. Sie sei nun weniger an einen konkreten Ort geknüpft, sondern „von jedem bestimmbaren topos abgelöst und damit negiert worden [...], damit sie individualisiert, privatisiert und personalisiert [...] werden konnte“[24]. Die moderne Utopie wird dementsprechend immer wieder neu ausgestaltet und verändert sich je nach Geschmack, Wertvorstellungen und historischen Kontexten. Nun erfolge schließlich eine weitere Negation, mit der sich die Utopie nicht mehr in die imaginierte Zukunft, sondern in die Vergangenheit richtet – dies wird als *Retrotopia*, eingedeutscht *Retrotopie*, bezeichnet.[25] Bauman verortet die Hintergründe für diese Entwicklung in einer Privatisierung der Fortschrittsidee: An die Stelle von Vorgaben und Disziplinierungen durch staatliche Einschränkungen sei eine individuelle Freiheit getreten, die jedoch mit einer wachsenden Angst vor der eigenen Unzulänglichkeit einhergehe. Längst werde der Gedanke an die Zukunft nicht mehr mit einer optimistischen Einstellung verbunden, sondern mit der Furcht vor der Ungewissheit und der Gefahr, etwa den erarbeiteten Lebensstandard wieder zu verlieren. So entwickle sich schließlich eine vage Vergangenheit zum Ort der Hoffnungen, da man sie mit stabilen und vertrauenswürdigen Verhältnissen verbinde. Dieser Blick zurück auf eine „gute alte Zeit“ sei es, der letztlich auch in politischen Bestrebungen

21 Lamping: Handbuch der literarischen Gattungen (2009), S. 740.
22 Vgl. Saage: Politische Utopien der Neuzeit (2000), S. 13–15.
23 Vgl. Enzyklopädie des Märchens 13 (2010), s.v. Utopie, Utopia, Sp. 1299f.
24 Bauman: Retrotopia (2018), S. 12f.
25 Vgl. Bauman: Retrotopia (2018), S. 12f.

„zurück zu den Stammesfeuern“[26] münde – zu einer vermeintlich weniger komplexen, klar strukturierten Gesellschaft.[27]

Baumans Analyse ist zunächst politisch konnotiert und erscheint schlüssig in Hinblick auf Entwicklungen wie die Erstarkung von Strömungen und Parteien mit rechtspopulistischen und -nationalistischen Zügen, die gerade in den westlichen Demokratien für eine Rückkehr zu früheren Verhältnissen werben.[28] Auch im kulturwissenschaftlichen Band *Planen. Hoffen. Fürchten. Zur Gegenwart der Zukunft im Alltag* verweisen die Autor:innen auf das verklärte und politisch instrumentalisierte Vergangenheitsbild, das beispielsweise in Donald Trumps Wahlkampfslogan *Make America Great Again!* zum Ausdruck kommt. Dieses beschworene Amerika habe so nie existiert und werde auch in Zukunft nie existieren, vielmehr sei es ein nostalgisches politisches Projekt.[29] Darüber hinaus können Baumans Beobachtungen, die wissenschaftlich breit rezipiert werden, auch für gesellschaftlich dominierende Wünsche, Ängste und Vorstellungen im weiteren Sinne gelten. Wirtschaftskrisen, die Covid-19-Pandemie, jüngst der russische Angriffskrieg gegen die Ukraine sowie die nunmehr allgegenwärtige Bedrohung der menschlichen Existenz durch den Klimawandel legen nahe, dass das Vertrauen in eine „gute“ Zukunft in den letzten Jahrzehnten immer häufiger erschüttert worden ist, was die Vergangenheit als imaginierten Zufluchtsort umso attraktiver erscheinen lässt. Nicht zu unterschätzen ist dabei laut der Erzählforscherin Reet Hiiemäe die Rolle der Medien bei der narrativen Verarbeitung und Verbreitung solcher Ängste:

> „Die Medien bestimmen, wovor wir Angst haben und in welchen Formen sich diese Ängste manifestieren. Jedes Mal, wenn eine ähnliche Gefahr zum Vorschein kommt, aktivieren sich ähnliche Strategien zur Bewältigung dieser Gefahr. Man kann die massenmediale Konstruktion ganzer ‚Angstepochen‘ beobachten, die sich dann auch im alltäglichen Erzählen niederschlagen.“[30]

Keineswegs ist deshalb aber nun die Zukunft der einzige Projektionsraum für das Negative, das Dystopische, denn noch vor Baumans „halbvergessene[m] Gestern“[31]

26 Bauman: Retrotopia (2018), S. 105f.
27 Vgl. Bauman: Retrotopia (2018)., S. 13–15.
28 Vgl. von Beyme: Rechtspopulismus (2018), S. 22–24.
29 Vgl. Sutte u.a.: Planen. Hoffen. Fürchten (2021), S. 14.
30 Hiiemäe: Strategien zur Bewältigung von Ängsten durch massenmediales Erzählen (2008), S. 246.
31 Bauman: Retrotopia (2018), S. 14.

findet sich in der gegenwärtigen Rezeption des Vergangenen und damit der Geschichte ein mittelalterliches „Vorgestern".

2.1.2 Von düsterer Vergangenheit – Die Retrodystopie

Anders als es der in der Literaturwissenschaft gängige Begriff womöglich vermuten ließe, ist die Kategorie der *Anti-Utopie* zunächst keine direkte Antithese zur Utopie. Vielmehr handelt es sich um ein Genre, das aus der Kritik an der Utopie entstand, die sich, politisch oder literarisch motiviert, bevorzugt in Form satirischer Übertreibung, gegen utopisch geprägte Literatur richtete. Sie ist in Bezug auf einzelne ihrer Merkmale als falsche, pessimistische oder auch apokalyptische Utopie kategorisiert worden. Für das Genre existiert eine Vielzahl an unterschiedlichen Bezeichnungen. Der in der Alltagssprache etablierte Begriff ist inzwischen die *Dystopie*. Während im Rahmen von Utopien ideale Fantasien über die Zukunft gezeichnet werden, schaffen die Anti-Utopien „Schreckbilder" einer möglichen Folgezeit, die häufig von Diktatur, staatlicher Überwachung, Technologiemissbrauch und der Beschneidung der Freiheit gezeichnet sind, wie es etwa in George Orwells *1984* oder Aldous Huxleys *Brave New World* der Fall ist.[32] Der Kultur- und Literaturwissenschaftler Stephan Meyer betont, „daß sie [die Anti-Utopie] eine utopisch verkleidete Utopiekritik darstellt"[33], womit sich das Genre in einer geraden Linie entwickelte, ausgehend von Morus' *Utopia*.[34] Anderer Auffassung war dagegen in den 1980er Jahren die amerikanische Literaturwissenschaftlerin Alexandra Aldridge:

> „The dystopia is not merely ‚utopia in reverse' […], but a singular generic category issuing out of a twentieth-century shift of attitudes toward utopia. Dystopia is composed of unique qualities of imagination and sensibility – certain historically bound shifts of the social imagination – brought together […] in the form of the modern novel. However, the dystopian novelist, instead of recreating some fragment of the actual world, extrapolates from his concept of actuality in order to make a holistic framework, a complete alternative (inevitably futuristic) structure."[35]

Sie kam also zu dem Schluss, dass die Dystopie als eigene Kategorie aus der Veränderung in der Haltung gegenüber utopischen Erzählungen entstand und auf Aspekten der Realität basiere, jedoch in den Romanen ein alternatives und damit fiktives Setting sei. Dieses ist ihr zufolge zwangsläufig futuristisch, doch so wie sich die Utopie nach

---

32 Vgl. Meyer: Die anti-utopische Tradition (2001), S. 17f.

33 Meyer: Die anti-utopische Tradition (2001), S. 32.

34 Vgl. Lehnen: Defining Dystopia (2016), S. 11.

35 Aldridge: Scientific World View in Dystopia (1984), S. 26.

Bauman in die Vergangenheit richten kann, spricht nichts dagegen, dass dies auch bei der Dystopie möglich ist, wenn die passenden Kriterien erfüllt sind.

Zweifellos können sich in medial inszenierten Dystopien gesellschaftliche Ängste äußern, wie es Hiimäe im Jahr 2008 herausstellte. So habe es Anfang der 1990er zum Beispiel eine populäre Faszination und Furcht vor Ufos gegeben. Mitte des genannten Jahrzehnts folgte eine verstärkte Angst vor Serienmördern und gegen Ende stieg die kollektive Sorge vor AIDS. Zu Beginn der Jahrtausendwende schlossen sich vermehrt Terrorängste an, etwa geschürt durch den Anschlag auf das US-amerikanische World Trade Center am 11. September 2001.[36] Die immer noch zahlreich kursierenden Verschwörungsnarrative rund um die Covid-19-Pandemie und die Entwicklung der Impfstoffe bestätigen anschaulich, wie Ängste und ihre Narrative auch gegenwärtig fortwirken und immer wieder reaktiviert werden. Es verwundert daher nicht, dass Themen, die die öffentliche Wahrnehmung bestimmen, auch in erzählenden Medien gefragt sind.

In den letzten Jahren sind Erzählungen mit dystopischen Schauplätzen vor allem bei einem jüngeren Publikum immer erfolgreicher geworden, was die Herausbildung des eigenen Subgenres der *young adult dytopias* zur Folge hatte[37], wozu etwa die Jugendbuchreihen *The Hunger Games* oder *Maze Runner* zählen. Die derzeit besonders große Popularität von postapokalyptischen Szenarien in Fernsehserien wie *The Walking Dead* (seit 2010) oder Videospielreihen und deren Verfilmungen wie *The Last of Us* (jüngst 2023) mag zwar in aller Regel nicht Ausdruck einer tatsächlichen Angst vor einem Weltuntergang sein, doch legt sie die Faszination des Publikums für Erzählungen dar, in denen zivilisatorische Strukturen und gesellschaftliche Regeln zerfallen sind und die Protagonist:innen um ihr Überleben kämpfen müssen.[38] Solche heute populäre Formen der Dystopie sind weniger auf eine politisch pessimistische Zukunftsvision ausgerichtet und beschäftigen sich stärker mit emotionalen Themen, moralischen Dilemmata und menschlichen Abgründen. Heutige Mittelalterfilme bedienen sich dabei ähnlicher Stilmittel wie besagte Erzählungen: Eine düstere, von gedeckten Farben, Schmutz und wenig Licht geprägte Bildsprache, der Fokus auf körperliche Auseinandersetzungen oder Handlungselemente, die sich um ungerechte Zustände,

36 Vgl. Hiiemäe: Strategien zur Bewältigung von Ängsten durch massenmediales Erzählen (2008), S. 246f.

37 Vgl. Lehnen: Defining Dystopia (2016), S. 9.

38 Vgl. Schossböck: Das bin doch (nicht) ich. Identität und personale Einzigartigkeit in postapokalyptischen Szenarien (2013), S. 299f.

religiösen Fanatismus und Unterdrückung der Schwachen durch die Starken[39] drehen, sind in beiden Genres auffallend dominant.

Einige filmische Darstellungen, die mit der Antike oder der frühen Neuzeit befasst sind, könnten als Retrotopien bezeichnet werden – zwar nicht im gesellschaftspolitischen Sinne Baumans einer Sehnsucht nach der „guten alten Zeit“, aber in der Art einer erkennbaren Vereinfachung und Idealisierung. Gesonderte Betonung finden beispielsweise die Leistungen und Errungenschaften der antiken griechischen Kultur oder der italienischen Renaissance, während Probleme und Missstände der jeweiligen Epochen ausgeklammert werden oder lediglich Randnotizen sind. Das Mittelalter hingegen fällt in jüngerer Zeit fast durchgehend durch die oben besprochenen negativen Züge auf. Gleiches stellt auch der Historiker Christian Rohr fest, wenn er dem Stereotyp eines finsteren und grausamen Mittelalters nachspürt:

> „Zahlreiche historische Phänomene, die diesen Klischees entsprechen, werden daher häufig ins Mittelalter transferiert, auch wenn etwa die Hexenverfolgungen vornehmlich ein frühneuzeitliches Phänomen sind. Umgekehrt werden die kulturellen Leistungen des Mittelalters deutlich seltener in der Populärkultur thematisiert oder versinken in althergebrachten Plattitüden, etwa zum Wissenstransfer zwischen Antike und Neuzeit.“[40]

Analog zu Baumans postulierter Negation der Utopie, die zur Retrotopie wird[41], bietet sich hier wiederum die Negation jener Retrotopie an. Sie wandelt sich zur *Retrodystopie*, sobald ein bestimmter Bezugsrahmen, hier die mittelalterliche Epoche, in das populärkulturelle Blickfeld gerät. Die Anti-Utopie, erwachsen aus der literarisch umgesetzten Utopiekritik[42] wird in ihrer Gestalt als zukunftspessimistisches Schreckbild, als „negative Idealität der Sozialordnung“[43] nun auf eine imaginierte Vergangenheit projiziert. Wie schon die in die Zukunft gerichtete Dystopie spiegelt auch die Retrodystopie dabei die Wertvorstellungen und Zustände der jeweiligen Zeit wider, in der sie verfasst wird, und nicht zwingend in derjenigen, die sie zum Gegenstand hat. Häufig besitzt sie dabei eine warnende oder mahnende Funktion.[44] Der Begriff soll vornehmlich der Umschreibung von negativ behafteten Geschichts- und

39 Vgl. etwa Scharff: Wann wird es richtig mittelalterlich? (2007), S. 73–77, sowie: von Borries: Das Mittelalter im Geschichtsbewusstsein (1999), S. 283.
40 Rohr: Das Mittelalter als Spiel- und Parallelwelt (2017), S. 20f.
41 Vgl. Bauman: Retrotopia (2018), S. 12f.
42 Vgl. Meyer: Die anti-utopische Tradition (2001), S. 31.
43 Schulte-Herbrüggen, zitiert nach: Meyer: Die anti-utopische Tradition (2001), S. 20.
44 Vgl. Meyer: Die anti-utopische Tradition (2001), S. 19.

Vergangenheitsbildern dienen, die sich aus tradierten Erzählmotiven und Requisiten speisen, welche stellvertretend für eine imaginierte Historie stehen können.

2.2 Romantisches oder düsteres Mittelalter? – Ideengeschichtliche und filmhistorische Interpretationsansätze zur Konstruktion von Geschichtsbildern

2.2.1 Vom frühen Humanismus zum aufklärerischen Fortschrittsoptimismus

Dass der Begriff „Mittelalter" negativ besetzt ist, hat eine lange Tradition, wobei diese Bewertung zu unterschiedlichen Zeiten stets von den jeweils vorherrschenden Weltbildern und Wertsetzungen abhing.[45] Um die moderne Mittelalterrezeption zu verstehen, ist es wichtig, sich der ideengeschichtlichen Transformationsprozesse bewusst zu sein, die erst zur Herausbildung gegenwärtiger Bilder führten. „Es geht darum, die Vergangenheit mit der Gegenwart in eine Beziehung zu setzen, die historischen Wurzeln der modernen Welt zu untersuchen [...]."[46] Einer der Gründe dafür, dass die heutige Geschichtsschreibung die Renaissance und die Anfänge des Humanismus bereits im Italien des 14. Jahrhunderts verortet, dürfte das Werk des Poeten Francesco Petrarca und nicht zuletzt dessen Bild der Geschichte und seiner eigenen Gegenwart sein: „Bei der Betrachtung seiner eigenen Zeit und der unmittelbaren Vergangenheit sah Petrarca einen tiefen, dunklen Abgrund, der sich über gut 1000 Jahre erstreckte, eine hoffnungslose Zeit, die nur ‚Narrenkünstler' hervorgebracht hatte."[47] Er hegte eine ungebrochene Faszination für die Antike, griechischen und römische Schriftsteller und Philosophen und den Gedanken eines Römischen Reiches. Im Vergleich dazu schien ihm seine eigene Gegenwart in Unkultiviertheit und Barbarei verfallen zu sein. Er glaubte jedoch fest daran, dass Glück und Zivilisiertheit durch die Rezeption der Vergangenheit wiedergeboren werden könnten, was ihn sogar zu der Forderung brachte, die Römische Republik müsse wiederhergestellt werden.[48]

Somit gab Petrarca als prägender Schriftsteller der Epoche, welcher nicht selten als Gegenbeispiel für deren vermeintliche Unkultiviertheit herhält, paradoxerweise schon

45 Vgl. Rohr: Das Mittelalter als Spiel- und Parallelwelt (2017), S. 15.
46 Meier: Bemerkungen zur zeitgenössischen Mittelalterrezeption (2017), S. 51.
47 Raedts: Die Entdeckung des Mittelalters (2016), S. 37.
48 Vgl. Raedts: Die Entdeckung des Mittelalters (2016), S. 37–41.

im Mittelalter selbst einen Anstoß für diesen schlechten Ruf. Er schrieb als einer der ersten von einem *medium tempus*, einer „mittleren Zeit“, die durch die Wiederentdeckung der Antike ein Ende nehmen sollte.[49] Als die folgenden Humanist:innen im Italien des späten Mittelalters nun ebenfalls begannen, Umschreibungen wie *medium aevum* zu gebrauchen, markierten sie damit den Beginn einer Begriffsgeschichte, die weit umfassendere Züge annahm, als sie ahnen konnten. Mit dem *millenium tenebrarum*, dem „Jahrtausend der Schatten“, beklagten die Humanist:innen in der Regel nicht etwa gegenwärtige politische oder gesellschaftliche Zustände, sondern vielmehr die herrschende Qualität des geschriebenen Lateins und einen Verlust von Literatur und Wissenschaft der Antike.[50]

Bereits hier schwang allerdings häufig, wie schon bei Petrarca, die Vorstellung eines rückständigen Zeitalters mit, wie sie vor allem für die Rezeption in der folgenden Epoche prägend sein sollte. Die Autor:innen der frühen Neuzeit legten zudem immer größeren Wert darauf, sich von der spätmittelalterlichen Scholastik abzugrenzen: „Diese ‚Barbaren‘ galten den Humanisten als die Vertreter eines alten, überholten Systems, das ihnen – den selbsternannten Wächtern der renatae litterae – als Kontrastfolie für die eigenen, neuen Ideale diente.“[51] Am Ende des 17. Jahrhunderts teilte Christoph Cellarius mit seiner *Historia universalis, in antiquam, medii aevi ac novam divisa* die Geschichte nun erstmals nicht mehr nach biblischen Maßstäben, sondern nach der heute gängigen Trias von Antike, Mittelalter und Neuzeit ein.[52]

Die Aufklärer:innen des 18. Jahrhunderts assoziierten schließlich das Mittelalter mit einer Zeit, in der die Menschen verdummt waren und ihren Verstand nicht frei entfalten konnten. Montesquieu, Rousseau und Kant forderten etwa die Auflösung der mittelalterlichen Klöster und Orden, die ihrer Ansicht nach zu reich und mächtig geworden waren. Generell verstand man diesen Teil der Geschichte als gewaltsam und dekadent.[53] Die Beobachtung der eigenen Distanz zu jener Vergangenheit brachte viele Aufklärer:innen dazu, in Hinblick auf die mittelalterliche dunkle Vorzeit das Fortschreiten der menschlichen Vernunft zu postulieren. Besonders beliebt war die Idee einer säkularen, philosophischen Geschichtsanschauung, die abseits von Fabeln und Fiktion eine Wahrheit in der Historie finden sollte, wie es etwa Voltaire 1765 in der *La philosophie de l'histoire* beschrieb.[54] In dieser Phase entstand nun auch der

49 Vgl. Kablitz: Aufbruch zur Neuzeit? (2009), S. 48f.
50 Vgl. Klein: Mittelalter. Lehrbuch Germanistik (2006), S. 1.
51 Huber-Rebenich: Neue Funktionen der Dichtung im Humanismus? (2006), S. 50.
52 Vgl. Klein: Mittelalter. Lehrbuch Germanistik (2006), S. 1.
53 Vgl. Brieskorn: Finsteres Mittelalter? (1991), S. 18f.
54 Vgl. Angehrn: Geschichtsphilosophie (2012), S. 69f.

Renaissancebegriff, der unter anderem eine „Wiedergeburt der Kultur“ bezeichnete und gleichzeitig auf eine „barbarische“ Zwischenphase unkultivierter Jahrhunderte zwischen der griechisch-römischen Antike und der Neuzeit verwies.[55] In einem Werk von 1751 findet sich etwa bei dem französischen Staatsmann und Ökonomen Anne Robert Jacques Turgot das aufklärerische Geschichtsverständnis folgendermaßen wieder:

> „Endlich sind alle Schatten vertrieben! Welch ein Licht strahlt von allen Seiten! [...] Welche Vollkommenheit der menschlichen Vernunft! [...] Auf daß die Menschen ununterbrochen neue Schritte auf den steinigen Weg zur Wahrheit machen mögen! Und daß sie vor allem immer besser und glücklicher werden mögen!“[56]

Dieses helle Licht der Vernunft, das die Menschheit zur Wahrheit führen soll, vertreibt im Narrativ des Aufklärers die Schatten. Diese liegen offenbar in einer dunkleren Vergangenheit, die nun überwunden ist. Während Giambattista Vico 1744 in seiner *Scienza Nova* einen zyklischen Verlauf der Geschichte formulierte, bei der die Zivilisation immer auch von einem Rückfall in die Barbarei bedroht sei, gab die Vorsehung auch für ihn langfristig einzig die vollkommene Entfaltung der menschlichen Vernunft vor.[57] An dieser Stelle äußern sich Zukunftsutopien, die einen Fortschrittsoptimismus zum Ausdruck bringen, nach dem es eine beständige Fortentwicklung der menschlichen Zivilisation geben muss. Dieses Konzept wurde 1794 von Antoine Marquis de Concordet weiterentwickelt, der im historischen Verlauf einen irreversiblen Fortschritt sah, der notwendig und gesetzmäßig sei, schneller und langsamer erfolgen, aber nie umgekehrt werden könne. Der Philosoph und Soziologe Auguste Comte postulierte dahingehend schließlich im 19. Jahrhundert einen weltgeschichtlichen Sieg des wissenschaftlichen Geistes.[58]

Das Mittelalter scheint sich zu einer bevorzugten Kontrastfolie für die moderne Welt entwickelt zu haben – eine Epoche, die als fremdartig und anders, gar als rückständig wahrgenommen und verargumentiert wurde. Während ein Fortschrittsoptimismus in der Tradition der Aufklärung heute sicherlich seltener in so absoluter, unzweifelhafter Form vertreten wird, wirken seine Grundsätze doch bis in die Gegenwart nach. So zitierte die *WELT* in einem Artikel zu Prognosen über das Jahr 2030 etwa den Zukunftswissenschaftler Ulrich Reinhardt folgendermaßen: „Die Zukunft wird besser

---

55 Vgl. Ortenberg: In Search of the Holy Grail (2006), S. 10.

56 Turgot: Grundriß für zwei Abhandlungen über Universalgeschichte (1751), zitiert nach: Angehrn: Geschichtsphilosophie (2012), S. 72.

57 Vgl. Wehle: Auf der Höhe einer abgründigen Vernunft (2007), S. 17.

58 Vgl. Angehrn: Geschichtsphilosophie (2012), S. 72–75.

sein als die Gegenwart und die Vergangenheit. Das war historisch immer so."[59] Darin zeigt sich die populäre Annahme eines geradlinigen Voranschreitens der Geschichte, die gleichzeitig eine zwangsläufig als schlechter zu betrachtende Vergangenheit impliziert. Entscheidend mag hierbei sein, dass der Artikel 2019, also vor Beginn der Covid-19-Pandemie und des russischen Angriffskrieges gegen die Ukraine veröffentlicht wurde, denn in jüngster Zeit ist verstärkt zu beobachten, dass viele Menschen das Vertrauen in derartige Zukunftskonzepte verlieren. Die Kulturwissenschaft setzt sich zunehmend mit Zukunftsentwürfen, deren Entstehung und Konnotationen auseinander: Zukunft wird zunehmend als negativ und risikobehaftet wahrgenommen und gesellschaftliche Ängste führen zu einem gesteigerten Sicherheitsbedürfnis. So lassen die allgegenwärtig erscheinenden wirtschaftlichen, politischen und ökonomischen Krisen die Krisenhaftigkeit zur Normalität und die Zukunft zur Bedrohung werden.[60]

2.2.2 Historismus und die Romantisierung des Mittelalters im 19. Jahrhundert

In *Die Christenheit oder Europa* kam Friedrich von Hardenberg, besser bekannt als Novalis, im Jahr 1799 mit Blick auf das Mittelalter zu dem Schluss, man habe einen Fehler damit begangen, in der Neuzeit nur an die Antike anzuknüpfen:

> „Es waren schöne glänzende Zeiten, wo Europa ein christliches Land war, wo Eine Christenheit diesen menschlich gestalteten Weltteil bewohnte; Ein großes gemeinschaftliches Interesse verband die entlegensten Provinzen dieses weiten geistlichen Reiches."[61]

Eine noch frühere, romantisierte Betrachtung der Epoche stammt aus dem englischsprachigen Raum, den *Letters on Chivalry and Romance* des Bischofs Richard Hurd von 1762. Dieser kritisierte die zeitgenössische Negativbewertung des ‚gotischen' Mittelalters, dessen Kulturleistungen zunächst zwar fremd erschienen, jedoch auch Sinn und Zusammenhang und damit ihren eigenen Wert erkennen ließen. Er hob insbesondere das ritterliche Tugendsystem und die damit verbundene höfische Liebe lobend hervor. Dabei verglich er, für seine Zeit durchaus provozierend, die „Heldentaten" der Ritter mit jenen aus der antiken Mythologie.[62] Bereits im Zeitalter der

59 Reinhardt, zitiert nach: Nagels: So könnte sich das Leben bis 2030 verändern, Online-Artikel der WELT vom 28.12.2019 auf: welt.de, zuletzt aufgerufen am: 14.01.2023.

60 Vgl. Sutter u.a.: Planen. Hoffen. Fürchten (2021), S. 9–13.

61 von Hardenberg: Die Christenheit oder Europa (1799), zitiert nach: Brieskorn: Finsteres Mittelalter? (1991), S. 26.

62 Vgl. Breuer: Englische Romantik (2012), S. 55f.

Aufklärung gab es also Gegenstimmen, die das Mittelalter mit positiveren Konnotationen versahen, welche auch aus religiösen und politischen Beweggründen im Verlauf des 19. Jahrhunderts an Popularität gewannen. Die frühen Romantiker:innen verstanden die Antike nicht mehr als prägende Norm, sondern postulierten eine sich davon unterscheidende Kultur, welche die ‚christlich-europäischen' Sprachen und Nationen umfassen sollte.[63] In dieser Strömung rückte die weiter zurückliegende Vergangenheit auf unterschiedliche Weise in den Fokus:

> „Sie [die Romantiker:innen] entdeckten dabei das Mittelalter neu, verloren sich dann allerdings auch in mythischen Vorstellungen von germanischem Altertum, dessen Spuren sie in Volksüberlieferungen der Gegenwart, wie Märchen, Sagen, Glauben und Brauch zu erkennen glaubten."[64]

Dabei entstand auch die Gattung des historischen Romans – eine literarische Entwicklung, die in England sogar noch früher als im deutschsprachigen Raum einsetzte.[65]

In den deutschen bürgerlichen Kreisen erfolgte im frühen 19. Jahrhundert in gewissem Maß ein Rückzug aus dem politischen Leben der Gegenwart. Dieser resultierte aus dem Verdruss über herrschende Zustände von Kleinstaaterei, Absolutismus, mangelnder politischer Mitbestimmung, als unzureichend empfundenen gesellschaftlichen Reformen und schließlich der französischen Fremdherrschaft sowie dem Bedürfnis nach einer geeinten Nation. Dies beförderte die Suche nach „alter Größe" in einer vermeintlich heilen Vergangenheit.[66] Auch in Großbritannien hinterließ der Eindruck der französischen Revolution seine Spuren. Auf anfänglichen Zuspruch folgten bald, noch verstärkt durch die napoleonischen Expansionsbestrebungen, die Existenzängste der wohlhabenden sozialen Schichten, welche eine Beschneidung ihrer Rechte und den Zusammenbruch ihrer Nation fürchteten.[67] Die Mittelalterbegeisterung wurde dort mit dem Schlagwort *medievalism* beschrieben und nahm durchaus politische Dimensionen an:

> „The subject […] is popular medievalism, or the imaginative use of the past in creating a vision of what Britain should be in the future by looking back to the origin – as always, real or imagined – of British rights as conceived by those who did not have full political rights […]."[68]

---

63 Vgl. Enzyklopädie der Neuzeit 11 (2017), s.v. Romantik, Sp. 349.
64 Sievers: Volkskundliche Fragestellungen im 19. Jahrhundert (2001), S. 40.
65 Vgl. Breuer: Englische Romantik (2012), S. 56.
66 Vgl. Sievers: Volkskundliche Fragestellungen im 19. Jahrhundert (2001), S. 37.
67 Vgl. Breuer: Englische Romantik (2012), S. 68f.
68 Simmons: Popular Medievalism in Romantic-Era Britain (2011), S. 6.

Während die Erzählungen über heldenhafte Ritter und edle Damen für die Oberschicht alte, erstrebenswerte Ideale darstellten, wollten die Mittelalterbegeisterten der arbeitenden Schichten in der Geschichte vielmehr Begründungen für individuelle, historisch gewachsene Rechte des Individuums finden: „For such interpreters of the Middle Ages, medievalism is not an ideology but an ideal, a paradise lost that historical consciousness must attempt to regain."[69]

Das neue Interesse an der mittelalterlichen Epoche war jedoch nicht allein ein Politikum, sondern schlug sich schon früh in der Literatur nieder. Bereits im späten 18. Jahrhundert wählte Gotthold Ephraim Lessing Jerusalem während des dritten Kreuzzuges als Schauplatz für sein Werk *Nathan der Weise*. Johann Wolfgang Goethe und Friedrich Schiller nutzten für ihre Dramen historische Personen wie Götz von Berlichingen oder Jeanne d'Arc als Inspiration. Die romantische Literaturströmung verarbeitete das Mittelalter als neues Idealbild einer Zeit, das „die Synthese des Römischen und Christlichen, des dt. Nordens mit dem religiös orientalischen Idealismus in ritterlichem Geiste, des Rittertums mit dem Mönchtum [...]"[70] darstellte. Als eine Epoche, die als durch Fantasie geprägt wahrgenommen wurde, eignete sich das Mittelalter besonders gut als Kulisse für das Romantische und Märchenhafte, das jede:r Autor:in mit einer eigenen Vorstellung des Historischen versehen konnte.[71] Novalis erzählte in seinem 1802 postum veröffentlichten Werk *Heinrich von Ofterdingen* den berühmten sogenannten Sängerkrieg auf der Wartburg im 13. Jahrhundert mit einem fiktiven, aber als historisch empfundenen Protagonisten nach und begründete dabei mit der blauen Blume eines der zentralen Motive der Romantik.[72] Heinrich von Kleist berichtete in *Der Zweikampf* (1811) von einem Streit zwischen Adeligen und der ritterlichen Ehre im Spätmittelalter. Clemens Brentano und Achim von Arnim sammelten unter dem Titel *Des Knaben Wunderhorn* (1805-1808) Liedtexte, die zumindest teilweise aus dem Mittelalter stammen. Die Brüder August Wilhelm und Friedrich Schlegel planten sogar eine Zeitschrift, die einzig der wissenschaftlichen Erforschung der mittelalterlichen Epoche gewidmet sein sollte.[73]

Spätestens zur Jahrhundertmitte hin war die Mittelalterbegeisterung auch in andere Disziplinen vorgedrungen. Mit der voranschreitenden Ausdifferenzierung der Geistes- und Geschichtswissenschaften ging eine Systematisierung und Verwissenschaftlichung in der Reflexion historischer Sachverhalte einher – die Interessensgebiete

69 Simmons: Popular Medievalism in Romantic-Era Britain (2011), S. 6.
70 Hoffmeister: Deutsche und europäische Romantik (1990), S. 151f.
71 Vgl. Hoffmeister: Deutsche und europäische Romantik (1990), S. 152.
72 Vgl. Uerlings: Friedrich von Hardenberg, genannt Novalis (1991), S. 406f.
73 Vgl. Höltenschmidt: Die Mittelalter-Rezeption der Brüder Schlegel (2000), S. 82

wurden immer breiter gefächert.[74] In der Musikwissenschaft begann man, sich für den mittelalterlichen Minnesang zu interessieren. An der tatsächlichen Rekonstruktion dessen waren zeitgenössische Musiker:innen wiederum zwar wenig interessiert, jedoch präsentierte der berühmte Komponist Richard Wagner etwa mit *Lohengrin* (1850) und dem berühmten *Tannhäuser* (1845) seine eigene Version der Epoche, in der er sich reichlich historischer Versatzstücke bediente und diese neu vermischte.[75]

Als Ursprungsland der Neogotik gilt Großbritannien, nicht zuletzt, da sie als literarische Gattung der *gothic novels* hier schon im 18. Jahrhundert populär geworden war. Für den Neubau der Houses of Parliament nach dem Brand von 1834 entschied man sich für die Pläne des Architekten Charles Barry, die einen gotischen Stil vorsahen, während bisher ein klassizistisches Aussehen für öffentliche Gebäude vorherrschte. Auf dem Kontinent wurde der neugotische Baustil wenig später durch groß angelegte Vollendungs- und Restaurierungsprojekte wie das des Kölner Doms oder der Pariser Notre Dame präsent.[76] Man könnte kurzum sagen: Der Historismus war nicht mehr zu stoppen. In Österreich und Bayern kam ab Mitte des 19. Jahrhunderts die Gründung sogenannter Ritterbünde besonders häufig vor. Dabei handelte es sich um Gemeinschaften von Privatpersonen, die sich in historisierter Ausstattung auf Burgen trafen und mit eigenen Symbolen wie Bannern, Wahlsprüchen, Ritternamen und internen Hierarchien ein Leben nach „ritterlichen Idealen" leben wollten, häufig orientiert an Wolfram von Eschenbachs *Parzival*.[77] In diese Zeit fällt auch die entstehende Begeisterung für die Neuinszenierung und Nachstellung historischer Ereignisse. Diese romantisierten frühen *reenactments* waren zunächst in Großbritannien besonders beliebt, beispielsweise das *Eglinton Tournament* von 1839, das einen mittelalterlichen Tjost nachstellen sollte[78] und dabei nicht zuletzt durch Walter Scotts einflussreichen Ritterroman *Ivanhoe* von 1819 inspiriert worden war.[79]

Besonders deutlich nachwirkend ist die Tätigkeit zahlreicher Künstler:innen und Illustrator:innen, die sich vor allem im späten 19. Jahrhundert mit dem Mittelalter befassten. Es waren historisierende Bilder mittelalterlicher Begebenheiten, wie sie etwa Hermann Stilke schuf, die das zeitgenössische Geschichtsbild prägten. Bis heute

---

74 Vgl. Enzyklopädie der Neuzeit 5 (2007), s.v. Historismus Sp. 532–534.

75 Vgl. Enzyklopädie der Neuzeit 8 (2008), s.v. Mittelalterrezeption, Sp. 619.

76 Vgl. Enzyklopädie der Neuzeit 5 (2007), s.v. Historismus, Sp. 544-547.

77 Siehe dazu die Rubrik *Die Geschichte der Ritterbünde* auf der Homepage des bis heute bestehenden Deutschen Ritterbundes, auf: deutscher-ritterbund.de, zuletzt aufgerufen am: 14.01.2023.

78 Für einen zeitgenössischen Bericht des Turniers siehe: Aikman: An Account of the Tournament at Eglinton (1839).

79 Vgl. Simmons: Romantic medievalism (2016), S. 112.

besonders bekannt sind die Gemälde des britischen Malers Edmund Blair Leighton wie *Der Ritterschlag* von 1901. Daneben beauftragten Forscher:innen, die vermehrt anfingen, sich für die Sachkultur vergangener Jahrhunderte zu interessieren, immer häufiger Künstler:innen mit der Illustration ihrer Werke nach dem damaligen wissenschaftlichen Kenntnisstand oder nahmen diese selbst vor. So entstanden in dieser Phase mehrere große Bildbände, die das Leben früherer Epochen optisch einfangen sollten. Einer davon, *Le costume historique* des französischen Kostümkundlers Auguste Racinet von 1888[80], wurde erst jüngst im *Taschen*-Verlag neu aufgelegt und lag in den Buchläden dutzendfach aus. Das heute wissenschaftlich überholte Werk wird über seinen historischen und künstlerischen Wert hinaus auf der Seite des Verlages unreflektiert als „Referenzquelle für Studenten, Modedesigner, Künstler, Illustratoren und Historiker“[81] verkauft. Dort heißt es, man könne sich „gar nicht satt daran sehen, wie Menschen vergangener Epochen sich gekleidet haben“[82]. Auch die deutschsprachige *Wikipedia*-Seite zum Thema *Kleidung im Mittelalter* zeigt heute (Stand Januar 2023) eine Illustration von Alois Grell aus dem Jahr 1902 als Titelbild[83], so als handle es sich nach heutigen Maßstäben um eine wissenschaftlich fundierte Darstellung. Offenbar prägt die Ästhetik des 19. Jahrhunderts das moderne Mittelalterbild auf solchen Wegen mit. Nicht zuletzt waren die Kostümwerke dieser Zeit auch für den Kostümfilm des 20. Jahrhunderts wegweisend.

2.2.3 Entwicklungslinien des Mittelalterfilms im Verlauf des 20. Jahrhunderts

Das Aufkommen der ersten erzählenden Filme und Kinos ist eng mit der Entwicklung der aufstrebenden städtischen Unterhaltungsindustrie verbunden. Hier war, ausgehend von den Vereinigten Staaten, Großbritannien mit seiner um 1900 schon weit fortgeschrittenen, urbanisierten Industriegesellschaft der europäische Vorreiter. Vergnügungen außerhalb des eigenen Haushaltes wurden immer alltäglicher und das breite Publikum begann, den Markt für die neuen populären Medien merklich zu beeinflussen.[84] Als es in den Städten immer mehr Kinos gab, die man zur abendlichen Freizeit günstig besuchen konnte, entwickelte sich das Medium schnell voran. Gezeigt

80 Siehe: Racinet: Le costume historique (1888).

81 Togas, Trachten und Turbane, Produktseite auf: taschen.com, zuletzt aufgerufen am: 14.01.2023.

82 Togas, Trachten und Turbane, Produktseite auf: taschen.com, zuletzt aufgerufen am: 14.01.2023.

83 Siehe: Kleidung im Mittelalter, Artikel auf de.wikipedia.org, zuletzt aufgerufen am: 14.01.2023.

84 Vgl. Maase: Grenzenloses Vergnügen. Der Aufstieg der Massenkultur 1850-1970 (1997), S. 79.

wurden Dokumentarfilme und Nachrichten aus aller Welt, „[a]ber seine eigentliche Faszination und gesellschaftliche Prägekraft entfaltete das Medium mit dem Erzählen erfundener Geschichten – als Kunst sui generis, als Massenkunst“[85]. Bereits in der frühen Filmgeschichte ist das Mittelalter ein immer wieder auftretender Stoff, der sich schon zum Beginn des 20. Jahrhunderts einer spürbar wachsenden Beliebtheit erfreute.[86]

Diese frühen Historienfilme waren in aller Regel keine völligen Neuschöpfungen, sondern basierten auf historischen Ereignissen oder Literaturklassikern.[87] So diente etwa Torquato Tassos Epos *La Gerusalemme liberata* von 1574 als Vorlage für den 1911 gleichnamig veröffentlichten italienischen Film[88], der von der Eroberung Jerusalems durch die Kreuzfahrer während des Ersten Kreuzzuges handelt. *Jeanne d'Arc*[89] des französischen Filmpioniers Georges Méliès, uraufgeführt im November 1900, kann als früher narrativer Film und einer der ersten Historien- und Mittelalterfilme überhaupt gelten. Der handkolorierte Schwarzweißfilm behandelt vordergründig den Freiheitskampf und die Hinrichtung der französischen Nationalheldin, klammert dabei aber auffallend den Umstand aus, dass ihre Widersacher Engländer waren. Eine finale Szene zeigt Johannas Aufstieg in den Himmel, wo sie von Gott und den Heiligen empfangen wird – neun Jahre darauf erfolgte ihre tatsächliche Seligsprechung[90]. Für die entstehende Sparte der Mittelalterfilme erwies sich die Geschichte Jeanne d'Arcs als besonders beliebter Stoff, der in dutzenden Verfilmungen verarbeitet wurde. Der britische Durchhaltefilm[91] *Joan the Woman*[92] von 1916 erzählt beispielsweise die Geschichte eines britischen Soldaten an der französischen Front, dem Johanna als Heilige erscheint, woraufhin er ihre Hinrichtung im Frankreich des 15. Jahrhunderts wie in einer Zeitreise miterlebt. Zurück in der Gegenwart fasst er den Mut, sich einem Kommando anzuschließen, bei dem er schwer verwundet wird. Als er im

---

85 Maase: Grenzenloses Vergnügen. Der Aufstieg der Massenkultur 1850-1970 (1997), S. 109.

86 Vgl. Kiening: Mittelalter im Film (2006), S. 17f.

87 Der Umstand, dass es sich bei Historienfilmen meist um Adaptionen und nicht um Eigenkreationen handelte, wurde durchaus kritisiert, etwa 1922 durch den Journalisten Kurt Pinthus. Vgl. Kiening: Mittelalter im Film (2006), S. 6f.

88 Siehe: Guazzoni: Gerusalemme liberata (1911).

89 Siehe: Méliès: Jeanne d'Arc (1900).

90 Vgl. Krumeich: Jeanne d'Arc (2006), S. 115.

91 Der Begriff des Durchhaltefilms bezeichnet Filme, die gezielt den Willen zum Durchhalten einer Bevölkerung in Kriegszeiten bestärken sollen. Formal entstand das Konzept des Durchhaltefilms jedoch erst im Zweiten Weltkrieg, Vgl. Lexikon der Filmbegriffe der Universität Kiel, s.v. Durchhaltefilm, auf: filmlexikon.uni-kiel.de, zuletzt aufgerufen am: 14.01.2023.

92 Siehe: DeMille: Joan the Woman (1916).

Sterben liegt, sieht er Johanna erneut. Hier zeigt sich, wie der Schauplatz der Gegenwart im Film mit dem der Vergangenheit vermischt wird, um für die damals gegenwärtige Lage der Soldaten des Ersten Weltkrieges eine Inspiration zu schaffen, die sich aus der Geschichte speist. Ein solcher Ansatz wurde in den Filmproduktionen aus der Zeit des Zweiten Weltkrieges noch intensiver verfolgt.[93]

In den 1920er Jahren wuchs das Kino zum beliebtesten Massenmedium heran. Die filmischen Mittel wurden immer komplexer und erlaubten größere kreative Freiheit bei der Umsetzung künstlerischer Visionen. In dieser Zeit entwickelte sich Hollywood zu internationalem Rang und in Deutschland trat besonders der filmische Expressionismus hervor, für den Fritz Langs *Metropolis* (1927) als stellvertretend gelten kann.[94] Darüber hinaus wurden aber auch immer mehr Abenteuergeschichten und Romanzen verfilmt. Hier griff man wieder häufig auf historische, auch mittelalterliche Szenarien zurück.[95]

Während des Zweiten Weltkrieges hatte sich das Verhältnis von Politik und Unterhaltungsmedien in Deutschland deutlich gewandelt. Im Gegensatz zum nationalistisch geprägten Kriegsrausch im August 1914 kam es 1939 nicht zu einer vergleichbaren Kriegsbegeisterung. So wurde zum Zweck der Ablenkung, Motivation oder auch Beruhigung und Trost die Unterhaltungsmaschinerie umfassend intensiviert, auch um den grausamen Verbrechen wie den Erschießungen und Deportationen, insbesondere der jüdischen Bevölkerung, möglichst wenig Raum in der öffentlichen Wahrnehmung zu geben.[96] Während des Krieges hieß es sowohl für die Nationalsozialisten als auch für die Alliierten, „[...] daß Durchhaltewillen und Einsatz an der ‚Heimatfront' die gesicherte Versorgung mit unpolitischer Zerstreuung erforderten"[97]. Die Historienfilme der NS-Zeit waren stets darauf bedacht, einen Bezug zur Gegenwart und zur nationalsozialistischen Ideologie herzustellen. Das Mittelalter galt dabei als Zeit großer kultureller ‚deutscher' Leistungen, die noch übertroffen werden sollten. Für Adolf Hitler fungierten besonders die eindrucksvollen mittelalterlichen Kathedralen als Maßstab, was die Hintergründe für die Inszenierung der Dome Quedlinburgs und

93 Vgl. Weber: Überblendungen. Das Mittelalter im Kulturfilm des Nationalsozialismus (2013), S. 89.

94 Vgl. Cousins: The Story of Film (2011), S. 60–62.

95 Beispiele für die bildgewaltigen Historienfilme der 1920er-Jahre sind u.a. The Three Musketeers (1920), Robin Hood (1922), The Hunchback of Notre Dame (1923) und Ben Hur (1925). Vgl. Cousins: The Story of Film (2011), S. 66f.

96 Vgl. Maase: Grenzenloses Vergnügen. Der Aufstieg der Massenkultur 1850-1970 (1997), S. 215.

97 Maase: Grenzenloses Vergnügen. Der Aufstieg der Massenkultur 1850-1970 (1997), S. 215.

Braunschweigs als „Weihestätten“ des Nationalsozialismus nahelegt.[98] In der verstaatlichten und durch Propagandaminister Joseph Goebbels direkt gesteuerten deutschen Filmbranche produzierte man zum Zweck der Selbstlegitimierung besonders häufig Historienfilme zur preußischen Geschichte des 18. und 19. Jahrhunderts.[99] In Großbritannien wurden öfter Erzählungen um berühmte mittelalterliche Herrscher verfilmt, wie es etwa bei *The Crusades* (1935) und *Henry V* (1944) der Fall war.

Mit den einschneidenden Erfahrungen des Zweiten Weltkrieges und den damit verknüpften Katastrophen wie den Bombenabwürfen auf Hiroshima und Nagasaki trat ein neuer Gedanke in das öffentliche Bewusstsein. Es war die Erkenntnis, dass menschlich verursachtes Leid und menschengemachte Katastrophen inzwischen globale Ausmaße annehmen konnten. Damit erhielt auch die Angst vor dem selbstverschuldeten Untergang der Menschheit eine neue Dynamik.[100] Vielleicht ist es in der Nachkriegszeit gerade deshalb die Kategorie der Heimat- und Schlagerfilme, die besonders Konjunktur hatte.[101] In der Regel waren es Filme mit einfach gestrickten Handlungssträngen, die ein gutes Ende nahmen und in denen Gewalt und Elend kaum eine Rolle spielten. Offenbar wollte die breite Bevölkerung nicht an den Krieg erinnert werden, sondern suchte in diesen Medien vielmehr eine Form der Ablenkung:

> „Der Slogan ‚Mach Dir ein paar schöne Stunden – geh ins Kino‘ prägte im Westen Deutschlands den Nachkriegsfilm. In Filmen mit Gegenwartsthematiken konnte der Rezipient sich daran erfreuen, wie jeder mit anpackte, aufbaute und optimistisch nach vorne blickte.“[102]

In den USA und in Großbritannien entwickelte sich parallel eine Begeisterung für Abenteuerfilme, die häufig Geschichten über heldenhafte, ehrenvolle Männer zeichneten, wozu sich auch der Idealtypus des Ritters sehr gut eignete. Filme wie *Knights of the Round Table* (1953), *Ivanhoe* (1952) oder *The Story of Robin Hood and his Merrie Men* (1952) griffen auf bereits etablierte und beim Publikum bekannte Figuren zurück und brachten diese in Farbe und Bildgewalt auf die Leinwand. Mit *Technicolor*, Breitwandformat und dem neuen Stereoton sollten die Kinofilme noch eindrucksvoller und realistischer wirken. Bis zur Mitte der 1960er Jahre entstanden

---

98 Vgl. Weber: Überblendungen. Das Mittelalter im Kulturfilm des Nationalsozialismus (2013), S. 89-91.

99 Vgl. Fischer / Schuhbauer: Geschichte in Film und Fernsehen (2016), 43f.

100 Vgl. Krah: Weltuntergangsszenarien und Zukunftsentwürfe (2004) , S. 16.

101 Vgl. Faulstich: Filmgeschichte (2005), S. 137f.

102 Schuster: Zerfall oder Wandel der Kultur? (1999), S. 127.

im Durchschnitt jedes Jahr zwei neue Mittelalterfilme, die eigene Genrekonventionen entwickelten[103]:

> „Sie stehen Seite an Seite mit Abenteuer-, Mantel-und-Degen- und Piratenfilmen, Bibel- und Antikenfilmen, in denen sich je neu Legitimitätsgeschichten mit Liebesgeschichten verflechten und (Wett-)Kämpfe, Turniere oder Massenszenen die Höhepunkte bilden."[104]

Bis in die 1970er Jahre hinein fand eine stetige Ausdifferenzierung in der Filmbranche statt: Nach dem Wirtschaftswunder und einer längeren Friedensperiode entwickelten sich nun die Genres der Superhelden- und Horrorfilme heraus und erfreuten sich auch in der Bundesrepublik immer größerer Beliebtheit.[105] Erstere boten neue Welten mit eigenen Regeln und Gesetzen fernab der Realität, letztere bedienten eine Faszination für den Grusel, das Böse und die Gewalt.

In den späten 1970er- und 1980er Jahren waren es Erzählungen um fiktive Universen und Abenteuer wie die *Star Wars*-Trilogie, *Indiana Jones, E.T., Ghostbusters* oder *Zurück in die Zukunft*, welche die Fantasie der jungen Generation anregten und die Ranglisten der Kinokassen anführten. Anders als zuvor stellten diese aber inzwischen auch häufiger scheiternde und zweifelnde Held:innen dar.[106] Die skizzierten Vorgänge scheinen die These zu bestärken, dass populäre Erzählungen häufig dann erfolgreich sind, wenn sie dem Publikum einen gewünschten Kontrast zur eigenen Lebenswelt liefern. Waren die Heimatfilme der Nachkriegszeit nicht zuletzt eine willkommene Ablenkung von erfahrenem Leid und Entbehrung, so wurden mit wachsendem Abstand jetzt aufregende, fantasievolle und komplexere Abenteuergeschichten populär, die auch nicht mehr vor expliziteren Gewaltdarstellungen zurückschreckten. Im Bereich der Mittelalterfilme hielt man sich zwar weiterhin an etablierte Stoffe, mit der Verfilmung von Umbertos Ecos *Der Name der Rose* (1986) gelang es Jean-Jacques Annaud jedoch mithilfe der vielschichtigen Vorlage einen Film zu drehen, der dem Publikum die Komplexitäten einiger gesellschaftlicher und kirchlicher Fragen des Spätmittelalters zugänglich machte und dafür viel Lob erhielt.[107] Gleichzeitig lässt sich an dem Werk womöglich eine in dieser Zeit einsetzende Wandlung des Bildes der Epoche erkennen:

---

103 Vgl. Kiening: Mittelalter im Film (2006), S. 24–26.
104 Kiening: Mittelalter im Film (2006), S. 24f.
105 Vgl. Faulstich: Filmgeschichte (2005), S. S. 235–239 u. S. 240–245.
106 Vgl. Cousins: The Story of Film (2011), S. 389–391.
107 Vgl. Huber: „Der Name der Rose" und die „Aufklärung" des Mittelalters!? (2011), S. 119f.

„Lässt sich gar die Spaltung eines Mittelalterbildes postulieren, ein Aufblitzen von „aufgeklärtem“ Mittelalter erkennen, das mit dem gegenteiligen Szenario kontrastiert, welches das Mittelalter in die Gosse hinabstößt, es finster, dreckig und grausam erscheinen lässt, gerade auch durch den gezielten Einsatz von regnerischem und nebeligem Wetter?“[108]

Der Wunsch des Publikums nach einer vermeintlichen Authentizität, aber auch dem Eintauchen in längst vergangene Zeiten scheint nun verstärkt eine solche Veränderung zu bewirken. Der Geschichtsdidaktiker Thomas Martin Buck stellt hierzu einen regelrechten Mittelalter-Boom seit den 1980er Jahren fest und spricht von der Epoche als eine Art moderne Anderswelt, die sich von einem historisch fassbaren Mittelalter entfernt und vermehrt mythischer und emotionalisierter Elemente bedient.[109] Auch für die Verfilmung von Shakespeares *Henry V* aus dem Jahr 1989 wird die nähere Betrachtung zeigen, dass sich die romantischen Elemente früherer Ritterfilme mit den vermeintlich realitätsnäheren einer „finsteren Zeit“ zu vermischen beginnen.

Ab den 1990er Jahren setzte die anhaltende Digitalisierung des Films ein. Die neue Technik ermöglichte es, mit kleineren Kameras und Filmcrews zu drehen, Schnitt und Vertonung an Heimcomputern vorzunehmen und auch mit geringeren Budgets beachtliche Ergebnisse zu erzielen.[110] Dem öffentlichen Interesse an der Epoche als Abenteuerschauplatz folgend diente das Mittelalter an der Schwelle zum 21. Jahrhundert als häufige Inspiration für Brett- und Videospiele, Fantasy-Welten und Mittelaltermärkte.[111] In den filmischen Umsetzungen wurde das Mittelalter vermehrt mit übernatürlichen Elementen versehen, etwa in *Armee der Finsternis* (1992) oder *Dragonheart* (1996). Kriege und Schlachten standen in vielen Fällen im Vordergrund, wie bei *Der Erste Ritter* (1995) oder dem Historienepos *Braveheart* (1995), für das Regisseur Mel Gibson bewusst keine Aufarbeitung der historischen Fakten anstrebte, sondern sich auf die Emotionen und eine mitreißende Geschichte konzentrieren wollte.[112] Offenbar wurden diese beiden Aspekte zumindest zum Teil als unvereinbar wahrgenommen.

---

108 Huber: „Der Name der Rose“ und die „Aufklärung“ des Mittelalters!? (2011), S. 119.
109 Vgl. Buck: Das Mittelalter zwischen Vorstellung und Wirklichkeit (2011), S. 47f.
110 Vgl. Cousins: The Story of Film (2011), S. 434.
111 Vgl. Zeppezauer: Kurzwîl oder Entertainment (2011), S. 13.
112 Vgl. Enzinger: „Braveheart“ zwischen Kunst und Historiographie (2011), S. 171f.

2.3 Forschungsstand und Desiderate

Der Blick auf den Forschungsstand bezüglich der medialen Rezeption populärer Bilder des Mittelalters zeigt ein deutlich verstärktes Interesse unterschiedlicher Disziplinen seit der Jahrtausendwende. So betonte der Historiker Horst Fuhrmann bereits Ende der 1990er Jahre in der Publikation *Einladung ins Mittelalter* eine mediale Allgegenwärtigkeit des Themas. Ansätze aus dem deutschsprachigen Raum zur Mittelalterrezeption stammen etwa von dem Geschichtsdidaktiker Rolf Ballof (*Geschichte des Mittelalters für unsere Zeit*, 2003), dem österreichischen Historiker Christian Rohr (*Alles heldenhaft, grausam und schmutzig? Mittelalterrezeption in der Populärkultur*, 2011) oder dem Historiker Thomas Martin Buck (*Mittelalter und Moderne*, 2008; *Das Mittelalter zwischen Vorstellung und Wirklichkeit*, 2011). Des Weiteren zu nennen ist der Geschichtsdidaktiker Andreas Sommer, der mit *Geschichtsbilder und Spielfilme* (2010) eine qualitative Studie des Geschichtsbildes bei Geschichtsstudierenden vorlegte. Dabei stellte er fest:

> „Im Allgemeinen präsentiert sich das Mittelalter im modernen Historienfilm auf vielerlei Weise als rückständiges und abstoßendes Zeitalter. Dies mag zum einen daran liegen, dass der Betrachter diese Epoche aus seiner Gegenwart rezipiert, welche aus technokratischer Perspektive dem Mittelalter weit überlegen ist. Zum anderen geht gegenwärtig vom Mittelalter eine voyeuristische Faszination aus, die sich auch auf den Bereich des schauderhaft Abstoßenden erstreckt.“[113]

Aus der Literaturwissenschaft liefert der Band *Vom finsteren zum bunten Mittelalter* (2017)[114], der im Rahmen des 2015 veranstalteten *Wissenschaftlichen Symposiums der Nibelungengesellschaft und der Stadt Worms* entstand, mehrere fruchtbare Analysen populärkultureller Mittelalter- und speziell Nibelungenliedrezeptionen des 20. und 21. Jahrhunderts. Herausgegriffen sei an dieser Stelle der Aufsatz *Das Mittelalter als Spiel- und Parallelwelt – Annäherung und Klischeebildung in der modernen Populärkultur* von Christian Rohr, der darin die Negativbewertung der Epoche mit ihren wiederkehrenden Zuschreibungen wie Schmutz, Dunkelheit und Grausamkeit in ihrer historischen Genese reflektiert und dabei aktuelle Beispiele aus der Populärkultur betrachtet.[115] Auf internationaler Ebene seien etwa der britische Literaturwissenschaftler Andrew Elliott mit *Recreation and Representation: The Middle Ages on Film* (2009) und *Playing with the Past: Digital Games and the*

113 Sommer: Geschichtsbilder und Spielfime (2010), S. 49.

114 Siehe: Gallé (Hg.): Vom finsteren zum bunten Mittelalter (2017).

115 Siehe: Rohr: Das Mittelalter als Spiel- und Parallelwelt (2017).

Simulation of History (2013), sowie der amerikanische Anglist Kevin Harty mit *The Reel Middle Ages: American, Western and Eastern European, Middle Eastern and Asian Films about Medieval Europe* (2006) genannt. Die genannten Veröffentlichungen trugen maßgeblich zu einer Grundlegung des Themas im Bereich der mediävistischen Geschichts- und Literaturwissenschaft bei – immer wieder mit Verweisen auf populäre historische Romane, Filme, Gesellschafts- oder Videospiele. Gleichzeitig verdeutlicht diese auffallende Literaturfülle auch die Komplexität und Unüberschaubarkeit dieses Gegenstandes. Die Mediävisten Tobias Enseleit und Christian Peters resümieren deshalb für ihren Sammelband *Bilder vom Mittelalter. Vorstellungen von einer vergangenen Epoche und ihre Inszenierung in den modernen Medien* aus dem Jahr 2017:

> „Die unterschiedlichen Interessen (ökonomisch, ästhetisch, ideologisch etc.), die in die Entstehung von Manifestationen nicht-wissenschaftlicher Mittelaltervorstellung in der Breitenkultur involviert sind, und die hohe Frequenz, mit der diese den Weg in Markt und Öffentlichkeit finden, machen es für den der methodischen Lauterkeit verpflichteten Forscher noch schwerer, Schritt zu halten, als für den Konsumenten."[116]

Anfang der 1970er Jahre hingegen standen die Geschichtswissenschaft und -didaktik narrativen Verarbeitungen geschichtlicher Stoffe in aller Regel noch skeptischer gegenüber und vertraten den sogenannten emanzipatorischen Ansatz, dass sich historische Ereignisse und Verläufe nur schwer in der Form von Erzählungen vermitteln ließen und sich deshalb in der Aufbereitung davon entkoppeln sollten. Entsprechende Gegenstimmen traten in den letzten Jahrzehnten nun wieder vermehrt für einen erzählenden Umgang mit Geschichte ein, da sich so eine größtmögliche Erfahrungsnähe gewinnen lasse.[117] Gerade jüngere Medien rückten immer stärker in den Fokus verschiedener geisteswissenschaftlicher Disziplinen. Besonders relevant sind hier diejenigen Werke, die sich mit der Darstellung der mittelalterlichen Epoche in Film und Fernsehen befassen. Dass hier ein Bedarf für kritische Betrachtungen des vorherrschenden Geschichtsbildes besteht, betont zum Beispiel der Mediävist Hans-Werner Goetz einleitend in *Einführung in die Sektion „Das Mittelalter im Geschichtsbewusstsein"* (2003), in dem er davor warnt, dass gerade das schulische Wissen über die Epoche lückenhaft sei und stattdessen ein Mythos der Zeit dominiere, dessen Bilderwelten nicht von Bildungseinrichtungen geprägt sind.[118] Der Historiker Edgar Wolfrum beklagt außerdem ein „grobe[s] Missverhältnis bei der kritischen

116 Enseleit / Peters: Einleitung: Bilder vom Mittelalter (2017), S. 1.
117 Vgl. Wolfrum: Neue Erinnerungskultur? (2003), S. 38.
118 Vgl. Goetz: Einführung in die Sektion „Das Mittelalter im Geschichtsbewusstsein" (2003), S. 263.

Würdigung massenmedialer historischer Werke"[119]. Es fehle in erster Linie an Bewertungsmaßstäben, die über die sonst üblichen Fragen wie Rationalität, Quellennähe und Thesenführung hinausweisen.[120] Allerdings weist Thomas Martin Buck darauf hin, dass es entscheidend sei, nicht nur Fehler und Versäumnisse aufzuzeigen, sondern nach dem „warum?" zu fragen – danach, wie die jeweilige Mittelalterinszenierung mit der Gegenwart und der Vergangenheit verknüpft ist und welche Vorstellungen und Bilder dabei kulturell verankert sind.[121]

Im Speziellen bezogen auf filmische Darstellungen fasste der Band *Antike und Mittelalter im Film. Konstruktion – Dokumentation – Projektion* im Jahr 2007 mehrere Betrachtungen dieses Themenkomplexes zusammen. Die Historikerin Hedwig Röckelein betont darin in ihrem Aufsatz *Mittelalter-Projektionen*, der Mittelalterfilm sei nicht als ein eigenständiges Genre zu bezeichnen. Vielmehr mischen sich darin etwa der historische Kostümfilm, der Liebes- und Abenteuerfilm oder Elemente des Western.[122] Darüber hinaus wird bei Historienfilmen klar, „[...] dass vergangene Epochen als Projektionsflächen dienen [...]"[123]. Es wäre „[e]ine Aufgabe des historischen Films [...], den Zuschauer mit der Distanz und Fremdheit zu konfrontieren, die ihn von der historischen Zeit trennt"[124]. Der darauffolgende Aufsatz des Mediävisten Thomas Scharff ist provokant mit *Wann wird es richtig mittelalterlich?* überschrieben. Darin fragt er kritisch nach den möglichen Konflikten zwischen historischer Rekonstruktion und den Unterhaltungswerten des betreffenden Mediums. Hier wird jedoch von einer positivistischen Repräsentation vergangener Realitäten ausgegangen. Eine historische Genauigkeit, die durch den Einbezug von historischen Beratern erreicht werden soll, wird eher als unerreichbares und sogar hinderliches Ideal verstanden.[125] Scharff kommt auch zu dem Schluss, das Mittelalter im Film sei „weitgehend ein feudales, ritterliches, auf die Herrscher und einige andere ‚wichtige' Personen konzentriertes Mittelalter"[126], in dem Figuren wie Richard Löwenherz oder Jeanne d'Arc immer wieder die Hauptrolle spielen, während andere bedeutende Persönlichkeiten keinen Platz fänden. Zuletzt werden zwei sogenannte „Chiffren" herausgearbeitet, die in filmischen Darstellungen für das Mittelalter stehen und sich mit denjenigen decken, die bereits eingangs aufgeführt worden sind: Dreck und Gewalt.[127] Nicht zuletzt an

119 Wolfrum: Neue Erinnerungskultur? (2003), S. 38.
120 Vgl. Wolfrum: Neue Erinnerungskultur? (2003), S. 38.
121 Vgl. Buck: Das Mittelalter zwischen Vorstellung und Wirklichkeit (2011), S. 35.
122 Vgl. Röckelein: Mittelalter-Projektionen (2007), S. 41.
123 Röckelein: Mittelalter-Projektionen (2007), S. 61.
124 Röckelein: Mittelalter-Projektionen (2007), S. 61f.
125 Vgl. Scharff: Wann wird es richtig mittelalterlich? (2007), S. 66f.
126 Scharff: Wann wird es richtig mittelalterlich? (2007), S. 68.
127 Vgl. Scharff: Wann wird es richtig mittelalterlich? (2007), S. 68f. u. S. 73–77.

die Ansätze Röckeleins und Scharffs knüpfte die Interdisziplinäre Nachwuchstagung *Blockbuster Mittelalter* an, die vom 11. – 13. Juni 2015 in Bamberg stattfand und aus der ein gleichnamiger Sammelband hervorging. Michaela Pölzl fasst darin unter anderem folgende zentrale Leitfragen zusammen:

> „Welche Mittelalterbilder prägen speziell das Blockbuster-Kino und wie wird in diesen Filmen mit mittelalterlichen Texten und historischen Quellen umgegangen? Gibt es Stoffe, die besonders häufig bearbeitet werden [...]? Welche Themen werden vor der Kulisse des Blockbuster-Mittelalters verhandelt und warum?"[128]

Die Historikerin Annerose Menninger befasst sich 2010 in ihrer Publikation *Historienfilme als Geschichtsvermittler* explizit mit Kolumbus und Amerika in Spielfilmen, beschäftigt sich aber im Besonderen auch mit der Funktion von Filmen als Vermittler geschichtlichen Wissens. Sie konstatiert, dass dieses Medium wie kaum ein anderes die öffentlich geltenden Geschichts- und Kulturbilder beeinflusse.[129] In den letzten Jahren sind jedoch zunehmend spezifischere Forschungsprojekte entstanden, die sich mit Detailfragen der Mittelalterrezeption anderer Medienformen und ganz konkreter Werke beschäftigen. So finden sich unter dem Online-Projekt *Mittelalter Digital* des Historikers Tobias Enseleit sowie der damit verknüpften *Zeitschrift für Geschichte, Kultur und Rezeption des Mittelalters* in Kooperation mit der Universität Münster zahlreiche Aufsätze und Artikel für ein öffentliches Publikum, die nicht nur fachhistorisch-mediävistische Themen berühren, sondern sich beispielsweise mit „Wikingern in Rock und Metal", „Mittelalter-Memes" oder der Requisite des Ritterhelms beschäftigen.[130] Mit Veröffentlichungen wie einem Aufsatz des Tübinger Historikers Nicolas Huss zur Authentizitätsdebatte rund um das Videospiel *Kingdom Come Deliverance*[131] oder dem Dissertationsvorhaben zur Konstruktion von Mittelalterbildern im modernen Brettspiel des Historikers und Mitgründers der Seite *Boardgame Historian* Lukas Boch[132] wird deutlich, dass die

---

128 Pölzl: Mittelalterrezeption im Blockbuster-Kino (2018), S. 14.

129 Vgl. Menninger: Historienfilme als Geschichtsvermittler (2010), S. 12

130 Siehe: Das Online-Portal Mittelalter Digital, URL: mittelalter.digital, letzter Aufruf: 06.01.2023, sowie das Online-Journal Zeitschrift für Geschichte, Kultur und Rezeption des Mittelalters, URL: uni-muenster.de/Ejournals/index.php/mittelalterdigi, letzter Aufruf: 06.01.2023.

131 Siehe: Huss, Nicolas: Ist das Mittelalter oder kann das weg? (2018), auf: paidia.de, Zeitschrift für Computerspielforschung, URL: paidia.de/ist-das-mittelalter-oder-kann-das-weg-zur-debatte-um-authentizitaet-in-kingdome-come-deliverance, letzter Aufruf: 06.01.2023.

132 Vgl. Lukas Boch M. ED., Mitarbeiterseite auf der Webseite der Westfälischen-Wilhelms Universität Münster, URL: uni-muenster.de/FB2/personen/histheol/boch.html, letzter Aufruf: 06.01.23.

Zugänge zu Fragen nach Geschichtsbildern in verschiedenen Medienformen immer differenzierter werden. Ein anschauliches Beispiel für eine Analyse am konkreten Gegenstand in Bezug auf die Darstellung des Vergangenen ist der Aufsatz *Geschichte im Brettspiel* von Charlotte Bühl-Gramer aus dem Sammelband *Mit Geschichte spielen*, veröffentlicht im Jahr 2021. Hier wird nach den „Modi und spezifische[n] Funktionen von historischen Repräsentationen im Brettspiel"[133] gefragt.

Entscheidende Beiträge zur Frage nach dem Geschichtsbild des Mittelalters liefert auch die Geschichtsdidaktik, deren Erkenntnisse sich zunächst zwar häufig auf die Praxis des Schulunterrichts beziehen, aber auch darüber hinaus anwendbar sind. So zeigt Buck gemeinsam mit der Historikerin Nicola Brauch Perspektiven der Mittelalterforschung auf die Populärkultur und die Differenzen zwischen wissenschaftlichen Erkenntnissen und modernen Vorstellungswelten auf.[134] Bereits in den 1990er Jahren kam der Geschichtsdidaktiker Bodo von Borries, der sich in einem Aufsatz mit dem Mittelalter im Geschichtsbewusstsein von Jugendlichen befasste, zu dem Schluss:

> „Eigentlich stehen nur zwei dominante Stereotypen unausgeglichen einander gegenüber: eine eher historisch-fiktionale, gewaltsam-schöne Abenteuerlichkeit (‚Burg – Ritter – Kampf') und die unausrottbare Lehre ‚finsteren Mittelalter' [sic!] (‚Schmutz – Seuche – Tod')."[135]

Aus kulturwissenschaftlicher Perspektive erweisen sich besonders Ansätze aus den Bereichen der Erzähl- und Populärkulturforschung als fruchtbar. Erstere liefert etwa in Form der *Enzyklopädie des Märchens* Beiträge zu Motiven, Figuren, literarischen Gattungen und Genres und deren medial-erzählerischer Verarbeitung. Die Populärkulturforschung hingegen konzentriert sich auf den Bereich der kommerziellen Unterhaltung und Vergnügung und die damit verknüpften historischen Entwicklungen, Praktiken und Einstellungen.[136] Einen umfassenden kultur- und medienwissenschaftlichen Blick werfen Christian Kiening und Heinrich Adolf mit dem Sammelband *Mittelalter im Film* (2006) auf das Themenfeld. Daneben liegen diverse Betrachtungen zur Mittelalterbegeisterung in der Populärkultur vor, genannt seien zum Beispiel Barbara Krug-Richters Aufsatz *Abenteuer Mittelalter? Zur populären Mittelalter-Rezeption in der Gegenwart* (2009), Helmut Groschwitz' Beitrag *Authentizität, Unterhaltung, Sicherheit. Zum Umgang mit Geschichte in*

133 Bühl-Gramer: Geschichte im Brettspiel (2021), S. 360.

134 Siehe: Buck / Brauch (Hg.): Das Mittelalter zwischen Vorstellung und Wirklichkeit (2011).

135 von Borries: Das Mittelalter im Geschichtsbewusstsein (1999), S. 283.

136 Vgl. Maase: Populärkulturforschung (2019), S. 10.

Living History und Reenactment (2010), oder auch die 2019 stattgefundene Tagung *Mittelaltersehnsucht. Zwischen Gotik und Gothic* des Landesheimatbundes Sachsen-Anhalt e.V. und dem Thüringer Heimatbund e.V.[137]. Weitere Ansätze beschäftigen sich themenübergreifend mit Erinnerung und Populärkultur und der damit verknüpften Konstruktion von Geschichtsbildern wie der Sammelband *Mediated Pasts – Popular Pleasures. Medien und Praktiken populärkulturellen Erinnerns* (2020) der Kommission *Kulturen populärer Unterhaltung und Vergnügung* der *Deutschen Gesellschaft für Empirische Kulturwissenschaft e.V.*. Gefragt wird hier unter anderem: „Inwiefern werden medialisierte Vergangenheiten zum integralen Bestandteil von Vergnügen? Wie fließt das Vergnügen wiederum in das Erinnern und damit die Gestaltung von Vergangenheiten ein?“[138]

Zygmunt Baumans Werk *Retrotopia* (2017/18) bildet schließlich den theoretischen Ausgangspunkt. Die Idee der Retrodystopie adaptiert das Kernkonzept des Soziologen mit Blick auf öffentlich verhandelte Geschichtsbilder. Daneben dienen Arbeiten zu utopischen und dystopischen Vorstellungswelten wie *Die anti-utopische Tradition* (2001) von Stephan Meyer und *Defining Dystopia* (2016) von Christine Lehnen als Orientierung für die Verortung der soziokulturellen Tendenzen zur Retrotopie einerseits und zur Dystopie andererseits in Bezug auf das populäre Mittelalterbild.

137 Siehe: Mittelaltersehnsucht. Zwischen Gotik und Gothic. Tagung des Landesheimatbundes Sachsen-Anhalt e.V. und des Thüringer Heimatbundes e.V. vom 14.06.2019 – 15.06.2019 in Eisenach. Evifa Fachportal Ethnologie, auf: evifa.de, zuletzt aufgerufen am: 14.01.2023.

138 Bareither / Tomkowiak: Mediated Pasts – Popular Pleasures (2020), S. 7.

3. Quellen und Methoden – Kulturwissenschaftliche Filmanalyse

Den Kern der Analyse bilden drei Filme, die anhand unterschiedlicher Kategorien ausgewertet wurden. Es handelt sich dabei um Laurence Oliviers *Henry V* von 1944, Kenneth Branaghs *Henry V* von 1989 und David Michôds *The King* von 2019. Alle drei Produktionen basieren auf William Shakespeares Drama *Henry V*. *The King* setzt chronologisch früher ein und nutzt auch die beiden Teile von *Henry IV* als Vorlage. Der Vorteil dieser Auswahl besteht darin, dass Elemente und Szenen direkt verglichen werden können, da die historische und literarische Grundlage immer dieselbe ist. Der Ansatz der vergleichenden Filmanalyse gibt Aufschluss darüber, wie sich die Darstellung und damit die Inszenierung bestimmter Aspekte des Mittelalters zu unterschiedlichen Zeitpunkten der Rezeptionsgeschichte darlegt. Ein Beispiel dafür ist die Frage danach, welche Unterschiede sich bei der Visualisierung der bekannten Schlacht von Agincourt auftun. Die Entwicklung des populären Mittelalterbildes wird damit durch den Blick auf ein Werk der 1940er, eines der 1980er und einen erst jüngst erschienenen Film deutlich. Weiterführende Quellen wie Filmkritiken, Interviews mit Mitwirkenden und Social Media-Postings geben Aufschlüsse über die jeweilige Rezeption der Verfilmungen. Darüber hinaus werden an relevanten Punkten weitere Filme oder Fernsehproduktionen zitiert, wenn sie sich für einen Vergleich eignen.

Die Kulturwissenschaftlerin Ute Bechdolf beschrieb, wie sehr die moderne Gesellschaft nicht nur durch Medien geprägt, sondern geradezu durch sie konstruiert wird. Die Kultur werde immer mehr zur Medienkultur: „Rundfunk, Film, Fernsehen und die neuen Kommunikationstechnologien übermitteln nicht nur Information und Unterhaltung, sondern reproduzieren kulturelle Normen und Werte.“[139] Sie betont deshalb den Erkenntniswert, den kritische Analysen von Medienangeboten für die Untersuchung kultureller Prozesse haben können.[140] Ähnliches konstatiert in Bezug auf Geschichte im Film auch Edgar Wolfrum: „Geschichte im Fernsehen ist eine Art Historiographie mit den Ausdrucksmitteln des Films; starke Bilder, Einsatz von Musik, Emotionen.“[141] Er stellt die These auf, „dass eine audiovisuelle Präsentation ihrem Wesen nach bereits eine Form der Erklärung ist. Bilder beeinflussen die Formung von Geschichtsbewusstsein stärker als das gesprochene oder geschriebene Wort.“[142]

139 Bechdolf: Kulturwissenschaftliche Medienforschung: Film und Fernsehen (2007), S. 289.
140 Vgl. Bechdolf: Kulturwissenschaftliche Medienforschung: Film und Fernsehen (2007), S. 289.
141 Wolfrum: Neue Erinnerungskultur? (2003), S. 37.
142 Wolfrum: Neue Erinnerungskultur? (2003), S. 38.

Deshalb ist es notwendig, über die Wirkung der inszenierten Bilder und der damit verknüpften Erzählungen nachzudenken und zu ermitteln, welchen Einfluss sie auf die Konstruktion von Geschichtsbildern in den Massenmedien haben. Dabei ist nicht zu vernachlässigen, wie viele unterschiedliche Akteur:innen und Instanzen an jener Konstruktion mitwirken, von Produktionsfirmen und Marketingagenturen über Influencer:innen bis hin zu eingeschworenen Fan-Communities. Auch die Gestaltung des Werbematerials prägt die Ikonographie populärer Vergangenheitsbilder mit. Insgesamt spielen ganz unterschiedliche Bedürfnisse eine Rolle, nicht nur die Freude an der eigenen Unterhaltung, sondern beispielsweise auch Gemeinschafts- und Zugehörigkeitsgefühle oder die Bestätigung der eigenen Kenntnisse beim Austausch in Freundeskreisen, Fan-Foren oder auf Social-Media-Plattformen.[143]

Es wird zwischen einer empirisch arbeitenden, sozialwissenschaftlichen und einer hermeneutisch-geisteswissenschaftlichen Inhaltsanalyse unterschieden. Die letztere Variante, die hier zur Anwendung kommt, eignet sich dazu, in die Tiefe gehende Komponenten und Sinnstrukturen zu betrachten.[144]

Christophs Köcks Modell für die Kulturanalyse populärer Medientexte lässt sich auf eine Vielzahl medialer Ausdrucksformen anwenden, seien des Filme und Filmkritiken, Zeitungsartikel oder Social-Media-Postings. Sein Vorgehen zielt neben der Inhaltsanalyse nicht zuletzt auf die Einordnung und Kontextualisierung der Produktion, Vermarktung und Rezeption der ausgewählten Medien ab. Unter „Medientext“ versteht der Autor einen Inhalts- und Bedeutungsträger jeglicher Art, sodass die grundlegende Herangehensweise nicht nur für textbasierte, sondern ebenso für audiovisuelle Medien gültig ist. Neben den inhaltlichen Informationen und Botschaften seien es besonders die damit verbundenen Kontexte, die gelesen und interpretiert werden müssen:

> „Aus der Text- und Kontextanalyse heraus gilt es, kollektive Wertsetzungen der Alltagsgestaltung zu erkunden und zu ergründen. Das spezifisch volkskundliche Interesse liegt letztlich in der Erschließung der kulturellen Bedeutung der popularen Botschaften für all jene, die – in unterschiedlicher Weise – mit ihnen umgehen bzw. umzugehen haben.“[145]

---

143 Vgl. Enseleit / Peters: Einleitung: Bilder vom Mittelalter (2017), S. 4f.

144 Vgl. Bechdolf: Kulturwissenschaftliche Medienforschung: Film und Fernsehen (2007), S. 297f.

145 Köck: Kulturanalyse populärer Medientexte (2007), S. 352.

Köck betont, dass sein Arbeitsmodell als offenes und frei kombinierbares Schema konzipiert ist, da die einzelnen Schritte in aller Regel nicht in Gänze beziehungsweise in einer festen Reihenfolge abgearbeitet werden können.[146]

Mit ihrer „historisch-kritischen Filmanalyse" hat die Kulturwissenschaftlerin Ina Merkel 2014 in *Methoden der Kulturanthropologie* ein Modell vorgestellt, das sich für die qualitative, hermeneutische Auswertung einer Auswahl an Filmmaterial besonders gut eignet. Sie stellt zunächst fest, dass es sich bei Filmen nicht um Abbildungen der Realität, sondern um Inszenierungen handelt, hinter denen stets eine bestimmte Intention steht.[147] Weiterhin sei zu beobachten,

> „[...], dass Filme Realitätseffekte in der Wahrnehmung auslösen können. Was aber als authentische oder wahrheitsgetreue Darstellungen wahrgenommen wird, entscheiden die Zuschauenden stets individuell, abhängig von ihrer sozialen Lage, ihrer gesellschaftlichen Position, ihrem kulturellen Hintergrund."[148]

Dies passt zu der Annahme, dass Historienfilme die etablierten Geschichtsbilder beeinflussen können, da die Zuschauenden häufig nicht zwingend zwischen Fiktion und realitätsgetreuer Darstellung unterscheiden. Gleichzeitig ist zu beachten, dass Medien von den Konsument:innen nicht nur passiv konsumiert werden, sondern dass diese aktiv und produktiv auf Medienangebote einwirken.[149] Deshalb müssen Produktionsfirmen und Medienschaffende aktuelle Trends und Vorlieben berücksichtigen und gerade in Hinblick auf die öffentliche Rezeption im digitalen Raum ein Auge auf Umfragen, Kritiken und Online-Debatten haben.

Für das methodische Verfahren werden vier Analyseschritte vollzogen. Am Beginn steht eine Inhaltsanalyse. Diese beschränkt sich nicht auf einen einzelnen Film, sondern bezieht den Umstand mit ein, dass das Medium immer auch von zeitgleich erscheinenden Werken und aktuellen Trends eines Genres beeinflusst ist. Entsprechend gilt es, eine Auswahl nach bestimmten Kriterien zu treffen und kulturelle Muster herauszuarbeiten. Anschließend ist ein sogenanntes *Close Reading* gefordert, welches einer hermeneutischen Filmanalyse entspricht – man betrachtet Aspekte wie die Geschichte, Bildsprache, Figuren oder das Genre. Daran schließt sich die historische Kontextanalyse an, die geschichtswissenschaftliche Literatur und weitere Quellen einbezieht. Dabei handelt es sich beispielsweise um Werbung für den betreffenden Film, Aussagen der Mitwirkenden oder auch Kritiken und

146 Vgl. Köck: Kulturanalyse populärer Medientexte (2007), S. 352.
147 Vgl. Merkel: Historisch-kritische Filmanalyse (2014), S. 257.
148 Merkel: Historisch-kritische Filmanalyse (2014), S. 257.
149 Vgl. Mikos: Vergnügen (2015), S. 220.

Zuschauermeinungen, durch welche die Rezeption und zeithistorische Kontexte herausgearbeitet werden können. Unter *Lesart und Deutungshypothesen* werden schließlich die im Film präsentierten Deutungen auf die reale Welt des Publikums bezogen, um die entsprechenden Alltagsrelevanzen, kulturellen Leitbilder und die damit verknüpfte Mentalität zu interpretieren. Die vier Schritte dienen laut Merkel als Orientierung und können auch in verknappter Form oder getrennt voneinander angewandt werden[150]. Im Rahmen dieser Analyse werden spezifische Szenen herausgegriffen, die für die ausgehende Fragestellung relevant sind.

Nun ist es entscheidend, für die Analyse geeignete Kategorien und Bereiche zur Betrachtung auszuwählen. Für welche Aspekte lohnt sich ein eingehender Vergleich? Weshalb sind bestimmte Elemente für die filmische Rezeption der mittelalterlichen Epoche und die Entwicklung des populären Geschichtsbildes besonders wichtig?

Zum Beginn ist ein Blick auf die grundlegende visuelle Gestaltung der jeweiligen Filme naheliegend, da sie den zu analysierenden Werken ihre äußere Form gibt. Die Literaturwissenschaftlerin Sandra Poppe beschäftigte sich mittels medienkomparatistischer Methoden ausführlich mit der Transformation von literarischer zu filmischer Visualität. Trotz der wesentlichen medialen Unterschiede können beide Formen als „äußerliche Gestaltung der fiktionalen Welt“[151] verstanden werden:

> „Diese Gestaltung manifestiert sich konkret in Dekor, Ausstattung, Aussehen und Garderobe der Schauspieler sowie der Requisite. [...]. Diese wird zudem durch die Kameraeinstellung und -perspektive, Beleuchtung, Filmmaterial sowie farbliche Effekte mitgestaltet. Damit geht es vorerst um den Bildinhalt und dessen Vermittlung durch die Kamera.“[152]

Poppe kommt zu der wichtigen Schlussfolgerung, dass Filme trotz einer vermeintlich abgebildeten „Wirklichkeit“ eine Fiktion darstellen, die nicht weniger frei gestaltet wurde als die Deskription in Texten. Gerade jene äußeren Elemente fänden in der wissenschaftlichen Filmanalyse jedoch häufig zu wenig Aufmerksamkeit, wie auch der Verweis auf den US-amerikanischen Narratologen und Filmkritiker Seymour Chatman zeigen soll, der hierbei von einem vagen Konzept von „Atmosphäre“ spricht.[153] Eben diese, im vorliegenden Fall fiktional-mittelalterliche Atmosphäre und ihre mit den genannten filmischen Mitteln erreichte Inszenierung gilt es herauszuarbeiten. Für die visuelle Erschaffung einer solchen Fiktion spielen die

---

150 Vgl. Merkel: Historisch-kritische Filmanalyse (2014), S. 261f.
151 Poppe: Visualität in Literatur und Film (2007), S. 68.
152 Poppe: Visualität in Literatur und Film (2007), S. 68f.
153 Vgl. Poppe: Visualität in Literatur und Film (2007), S. 68–70.

verwendeten Kostüme eine nicht zu unterschätzende Rolle. Nicht nur helfen sie den Schauspieler:innen, sich in ihre Rollen hineinzuversetzen[154], sie sind auch entscheidend dafür, dem Publikum eine möglichst dichte, glaubwürdige fiktionale Welt zu vermitteln. Sie werden nicht zuletzt deshalb Teil der Erzählung, weil sie Informationen über die Figuren, deren Eigenschaften und Veränderungen visuell transportieren. Dem Kostümbild soll deshalb ein eigener Abschnitt gewidmet werden.[155]

Weitergehend wird es notwendig sein, eine genauere vergleichende Analyse derjenigen stereotypen Versatzstücke durchzuführen, die in der öffentlichen Wahrnehmung stellvertretend für das Mittelalter stehen. Eine beinah omnipräsente Vorstellung dreht sich dabei um Schmutz und mangelnde Hygiene: dreckige, stinkende Städte, Menschen, die sich kaum waschen und eine verheerende Pestepidemie, die nur aufgrund fehlender Sauberkeit ausgebrochen sein könne – diejenigen Assoziationen also, die Bodo von Borries mit dem Dreiklang „Schmutz – Seuche – Tod“[156] umschrieb. Mit seinem zweiten postulierten Komplex „Burg – Ritter – Kampf“[157] zeigt sich zudem ein weiteres Kernthema. Der Kampf auf Leben und Tod, kriegerische Handlungen und alltägliche Gewalt sind selbst in der Ritterromantik des 19. Jahrhunderts präsent. Hinzu kommen in jüngerer Zeit ein höherer Grad an Brutalität und die damit verknüpfte Darstellung menschlicher Abgründe. Darüber hinaus bildet die Schlacht von Agincourt den narrativen Höhepunkt der zu betrachtenden Filme, sodass sich ein Vergleich der jeweiligen Umsetzungen geradezu anbietet.

Des Weiteren soll erörtert werden, welches Bild der mittelalterlichen Gesellschaft und dem Leben der Menschen in den drei Verfilmungen gezeichnet wird. Die Vorstellung eines uneingeschränkt mächtigen Königs, der seine Untertanen beherrscht, erinnert zwar eher an den Absolutismus der frühen Neuzeit, ist in der populären Wahrnehmung aber typischerweise der mittelalterlichen Feudalgesellschaft zugeordnet. Arme Bauern, die hungernd und schuftend um ihr Überleben kämpfen, und ihre Unterdrücker, die reichen Adeligen, vervollständigen das Bild – man denke nur an

154 Vgl. Lexikon der Filmbegriffe der Universität Kiel, s.v. Anprobe, auf: filmlexikon.uni-kiel.de, zuletzt aufgerufen am: 25.03.2023.

155 Vgl. Lexikon der Filmbegriffe der Universität Kiel, s.v. Kostümbild, auf: filmlexikon.uni-kiel.de, zuletzt aufgerufen am: 25.03.2023.

156 von Borries: Das Mittelalter im Geschichtsbewusstsein (1999), S. 283.

157 von Borries: Das Mittelalter im Geschichtsbewusstsein (1999), S. 283.

den medial ungebrochen populären Robin-Hood-Stoff[158]. Hierfür sind vor allem die tragenden Dynamiken zwischen den handelnden Charakteren relevant, ebenso wie die Darstellungsweise der Lebenswelten, in welchen wir die Figuren vorfinden. Komplexe und letztlich gesellschaftspolitische Zusammenhänge wie diese können an den vorliegenden Beispielen nur schlaglichtartig analysiert werden. Da ihre Grundzüge ein wichtiger Bestandteil des Geschichtsbildes sind, ist ihnen dennoch genügend Raum zu geben.

158 Die englischsprachige Wikipedia zählt über 100 Filme und Serien, in denen Robin Hood oder an die klassische Figur angelehnte Charaktere eine Rolle spielen; vgl. List of films and television series featuring Robin Hood, Artikel auf: wikipedia.org, zuletzt aufgerufen am: 25.03.2023.

4. Filmanalytischer Vergleich dreier „Henry V"-Verfilmungen zwischen 1944 und 2019

4.1 Die Epoche des Mittelalters in Film und Fernsehen – Eine Genreverortung?

Dass sich das Mittelalter einer großen populärkulturellen Beliebtheit erfreut, ist längst keine neue Erkenntnis mehr. Bereits 1991 berichtete der Historiker Norbert Brieskorn: „In den vergangenen zwei bis drei Jahrzehnten ist ein neues Interesse am Mittelalter zu verzeichnen."[159] Er vermutete, dass die Gründe dafür in der Suche nach neuen, unverbrauchten Erzählstoffen, dem Wunsch, aus der Geschichte zu lernen oder auch in einer Flucht in die Vergangenheit und damit auch der Kritik an der Gegenwart liegen könnten.[160] Die Begeisterung für Filme und Fernsehserien, die das Mittelalter zum Gegenstand haben, ist seitdem nochmals sichtbar gewachsen. Doch so viele Beispiele es dafür auch gibt, bedeutet das nicht zwingend, dass daraus ein eigenständiges Filmgenre resultieren muss.

Hedwig Röckelein kommt in ihrem Aufsatz über Mittelalter-Projektionen zu dem Schluss, der Mittelalterfilm sei kein eigenes Genre, sondern richte sich nach unterschiedlichen Gattungen, deren Konventionen übernommen und häufig auch vermischt werden, beispielsweise mit Elementen des Abenteuerfilms, der Biographie, des Western, der Satire oder der Fantasy.[161] Sie führt dies auf die Tatsache zurück, dass sich „[d]er Plot, die Dramaturgie, die Szenengestaltung und die Figuren […] nicht an mittelalterlichen Verhaltens- und Wahrnehmungsweisen, sondern an den durch das gewählte Filmgenre erzwungenen [orientieren]"[162]. Die meisten Filmemacher:innen scheinen sich nicht darauf konzentrieren zu wollen, diese Verhaltens- und Wahrnehmungsweisen tatsächlich widerzugeben. Doch selbst wenn auf die historische Authentizität großer Wert gelegt wird, kann ein solcher Anspruch nie zur Gänze erfüllt werden. Nach Röckeleins Interpretation gäbe es demnach streng betrachtet ganz allgemein kein eigenes Genre des Historienfilms. So bliebe der Begriff „Mittelalterfilm" lediglich eine Umschreibung, die zunächst schlicht für Filme gelten würde, deren Handlungen grob innerhalb der üblicherweise als Epochengrenzen definierten Punkte um 500 und 1500 n. Chr. angesiedelt sind. Die Germanistin Michaela Pölzl hält diesen

159 Brieskorn: Finsteres Mittelalter? (1991), S. 7.
160 Vgl. Brieskorn: Finsteres Mittelalter? (1991), S. 7.
161 Vgl. Röckelein: Mittelalter-Projektionen (2007), S. 41.
162 Röckelein: Mittelalter-Projektionen (2007), S. 41.

Ansatz in ihrem Aufsatz zur Mittelalter-Rezeption im Blockbuster-Kino jedoch für ungeeignet, da er alles ausschließe, das sich nicht in diesem historischen oder ahistorischen Rahmen bewege. So nennt sie etwa auch Peter Jacksons Romanverfilmungen *Der Herr der Ringe* (2001-2003), die zwar in einer Fantasiewelt spielen, aber starke Anleihen an das historische Mittelalter aufweisen. Man könne alles als „Mittelalter" einstufen, das rezeptionsbasiert vom Publikum als solches wahrgenommen wird oder sich inhaltsbasiert direkt oder indirekt darauf bezieht. Diese breit angelegten Definitionsansätze suggerieren, dass die historische Epoche selbst für die Handlung von Mittelalterfilmen in der Regel gar keine zentrale Rolle spielt.[163] Hierfür spricht der allgemein deutlich erkennbare Einfluss des Fantasy-Genres auf die Wahrnehmung des Mittelalters, bis hin zu Überschneidungen und Vermischungen derselben. Insbesondere die wegweisenden Werke J.R.R. Tolkiens, seinerseits Philologe und nicht zuletzt Mediävist, rezipierten nicht nur stets mittelalterliche Geschichte, Sprache und Erzählstoffe, sondern prägten ihrerseits maßgeblich verbreitete Vorstellungen über die Epoche.[164] Von einer „Fantasywelle"[165] spricht auch der Germanist Volker Gallé in der Einführung zum Sammelband *Vom finsteren zum bunten Mittelalter*. So habe es seit den 1990er Jahren nicht nur die ersten Mittelaltermärkte, sondern auch mittelalterliche Live-Action-Rollenspiele (LARPs) und neue museale Vermittlungskonzepte gegeben, in denen die Epoche zu einer beliebten Kulisse avancierte und zum Rollenspiel einlud. Interessanterweise argumentiert besagte Publikation zum Wissenschaftlichen Symposium der Nibelungenliedgesellschaft und der Stadt Worms mit Blick auf die Mittelalterszene in die Richtung eines Wandels hin zu einem bunten Mittelalter.[166] Während diese Beobachtung für gewisse Teile der Rezeption, etwa Reenactments, Rollenspielfiguren oder märchenhafte Fantasy-Schauplätze durchaus zutrifft, erscheinen weite Teile der medialen Verarbeitung weiterhin das finstere Mittelalter zu inszenieren. Zu dieser Feststellung kommt im selben Sammelband auch der Historiker Christian Rohr, wenn er schreibt, „dass das Bild von dieser Epoche sehr stark von Klischeebildungen und Vermengungen betroffen ist: Dunkelheit und Schmutz, Heldenhaftigkeit und Grausamkeit"[167]. Als Beispiel nennt er die berühmten Romane von Ken Follett, die auch dort auf grausame Beschreibungen von Bestrafungen zurückgreifen, wo sie nicht historisch belegbar sind.[168]

163 Vgl. Pölzl: Mittelalterrezeption im Blockbuster-Kino (2018), S. 16–18.
164 Vgl. Hornung: Mittelalter – Mittelerde – Westeros (2016), S. 356f.
165 Gallé: Vom finsteren zum bunten Mittelalter (2017), S. 11.
166 Vgl. Gallé: Vom finsteren zum bunten Mittelalter (2017), S. 9–11 .
167 Rohr: Das Mittelalter als Spiel- und Parallelwelt (2017), S. 20.
168 Vgl. Rohr: Das Mittelalter als Spiel- und Parallelwelt (2017), S. 20.

Während die Anlehnung an andere Gattungen sicherlich kaum auszuschließen ist, schon allein, weil der Historienfilm an sich keine bestimmte Art von Erzählstruktur vorgibt, sondern nur deren Kulisse umschreibt, finden sich in der Breite der Mittelalterfilme doch Aspekte, die zu relativ fest etablierten Erkennungsmerkmalen geworden sind. So ist in fast allen Fällen der Kampf und damit die Gewalt ein fester Bestandteil. Zweikämpfe, Turniere oder Schlachten sind meist in der ein oder anderen Form enthalten, was dem Bedeutungskomplex „Burg – Ritter – Kampf "[169] entspricht, den Bodo von Borries ebenso konstatierte wie später Röckelein[170]. Die Betonung von Standesunterschieden ist eine zweite Konstante, die auch in den eher romantisierten Versionen des Mittelalters auffällt. Dazu gehören besonders Mitglieder des Adels und des Bauernstandes, seltener auch des Bürgertums und des Klerus als Stellvertreter:innen der mittelalterlichen Ständegesellschaft. Wie diese Unterschiede jedoch illustriert werden, hat sich durchaus verändert. Anders als die erste von Thomas Scharff beschriebene Mittelalter-Chiffre der Gewalt, findet sich die zweite, der Dreck, erst in jüngeren Filmen wieder.[171] Insbesondere die Körper, Kleider und Lebensräume der unteren Gesellschaftsschichten werden in modernen Mittelalterfilmen mit den Attributen von Schmutz, Krankheit und Armut versehen, was mitunter den Kontrast zu den Herrschenden unterstreicht. Während der Kampf schon in früheren Filmen eine Rolle spielt, hat sich dessen Darstellung verändert: schmutziger, brutaler und blutiger wird die mittelalterliche Gewalt in der Regel verarbeitet. Dies zeigt, dass es durchaus Komponenten gibt, die den Mittelalterfilm zu einer unterscheidbaren Kategorie machen und es dem Publikum erlauben, diese zuzuordnen.[172] Dabei haben sich diese Konzepte in der Art ihrer Darstellung und Einbindung in die Filmhandlung über die Zeit hinweg gewandelt.

169 von Borries: Das Mittelalter im Geschichtsbewusstsein (1999), S. 283.
170 Vgl. Röckelein: Mittelalter-Projektionen (2007), S. 57.
171 Vgl. Scharff: Wann wird es richtig mittelalterlich? (2007), S. 76.
172 Vgl. Pölzl: Mittelalterrezeption im Blockbuster-Kino (2018), S. 16.

4.2 Die Vorlage – William Shakespeare, Heinrich V. von England und der Hundertjährige Krieg

Um sich den Filmumsetzungen anzunähern, ist die Kenntnis der Vorlagen *Henry IV* beziehungswiese *Henry V* William Shakespeares ebenso unabdingbar wie eine Einarbeitung in den geschichtswissenschaftlichen Kenntnisstand zu den der Erzählung zugrundeliegenden historischen Ereignissen und Figuren. Tobias Enseleit und Christian Peters regen dabei dazu an, auf die Überschneidungen und Unterschiede zu achten und dabei besonders zu beachten, welche Aspekte spezifisch dargestellt oder ausgeblendet werden.[173]

4.2.1 Die historischen Ereignisse im Spiegel der Geschichtswissenschaft

Der langanhaltende Krieg, welcher in den 1330er Jahren seinen Anfang nahm, immer wieder aufflammte und erst in der Mitte des 15. Jahrhundert zu Ende ging, war kein Kampf zwischen den Nationen Englands und Frankreichs, die so noch keinen tatsächlichen Bestand hatten, sondern ein dynastischer Konflikt zwischen zwei Monarchien und damit Königen und deren Vasallen.[174] Der Mittelalterhistoriker Joachim Ehlers vermerkt daher:

> „Wegen dieser subjektiv-personalen Bestimmung lassen sich die Abläufe nicht mit modernen Kategorien von Staatsräson und nationaler Politik durchschauen und erklären [...]. Wir sollten uns vielmehr fürs erste wie Ethnologen auf ungewohnte Verhaltensweisen fremder Menschen und auf eine Welt einlassen, deren andersartige Struktur wir zunächst beobachten und respektieren müssen, um sie überhaupt verstehen zu können."[175]

Entsprechend sind die Ursachen des Hundertjährigen Krieges in der komplexen vorhergehenden Dynastiegeschichte verwurzelt und können hier nur knapp reflektiert werden. Sie gehen auf die Eroberung Englands durch Wilhelm, den Herzog der Normandie zurück. Die englischen Könige behielten in den folgenden Jahrhunderten ihre Besitztümer in Frankreich und waren mit dem französischen Königshaus verwandt. Als mit dem Tod Karls IV. von Frankreich die Dynastie der Kapetinger ausstarb, entschied sich der französische Hochadel für seinen Cousin Philipp VI. als Nachfolger – nicht für den englischen König Edward III., der über die weibliche Verwandtschaft Ansprüche stellte. Als Philipp 1337 das Herzogtum Aquitanien in Besitz nahm,

173 Vgl. Enseleit / Peters: Einleitung: Bilder vom Mittelalter (2017), S. 2.
174 Vgl. Ehlers: Der Hundertjährige Krieg (2009), S. 7.
175 Ehlers: Der Hundertjährige Krieg (2009), S. 7f.

welches zu Edwards Herrschaftsbereich gehörte, war der Krieg unumgänglich geworden.[176]

Es war unter anderem dieses vererbte Selbstverständnis eines immanenten Herrschaftsanspruches, welches das Handeln Heinrichs V. prägte. Als Urenkel Edwards III. lag der Beginn des Krieges lange vor seiner Geburt im Jahr 1387. Sein Vater, Heinrich IV., befand sich gegen Ende des Jahrhunderts in einer schwierigen Position, nachdem er seinem Vorgänger Richard II. die Krone abgerungen hatte. Finanzielle Engpässe, Revolten und Kämpfe in Wales und Schottland sowie Komplotte des eigenen Hochadels gegen ihren König hatten seine Möglichkeiten, den Krieg in Frankreich fortzusetzen, stark eingeschränkt. Heinrich V. wuchs in einer Welt auf, die von Unsicherheiten und militaristischen Bestrebungen gezeichnet war. Im Alter von 16 Jahren gewann der Prinz an der Seite seines Vaters die Schlacht von Shrewsbury gegen die rebellierenden Percys, wobei er sich eine Verletzung im Gesicht durch einen Pfeil zuzog.[177] Mit dem Tod Heinrichs IV. 1413 bestieg sein Sohn den Thron mit ambitionierten Zielen:

> „Militärisch und politisch seit zehn Jahren erfahren, in Beratungen distanziert kalkulierend, als Truppenführer charismatisch, verfolgte der neue König von Anfang an das Ziel, die noch labile Position des Hauses Lancaster […] mit Erfolgen im Krieg auf dem Kontinent zu bessern: Revision des Friedens von Brétigny, Rückgewinnung der einst von Philipp II. eroberten angevinischen Gebiete und damit Wiederherstellung des Reiches Heinrichs II., Durchsetzung des seit 1328 erhobenen Anspruchs auf die Krone Frankreichs."[178]

Im August 1415 landete Heinrich mit einem großen Heer in Frankreich. Im Oktober trafen Heinrichs Truppen auf die wartende französische Übermacht, der sie aus dem Weg zu gehen versuchten, welche sie jedoch zum Kampf zwang. Da es den englischen Bogenschützen gelang, die französische Reiterei nach tagelangem Regen im Schlamm der Felder festzusetzen, war der Sieg gegen das überlegene Heer möglich. Mit den katastrophalen Verlusten auf der französischen Seite und der Gefangennahme wichtiger Adeliger wurde die Schlacht zu Heinrichs großem Triumph.[179] Der Sieg hatte seine Position als Herrscher gestärkt, neue diplomatische Möglichkeiten eröffnet und ihn sich selbst und seinem Volk gar als gottgewählten König erscheinen lassen. Dies bedeutete aber auch, dass er sich in seinen Bestrebungen bestätigt sah und den Griff nach Frankreich, wie auch seine Nachfolger, konsequent verstärkte. Besonders

---

176 Vgl. Wagner: Encyclopedia of the Hundred Years War (2006), S. 157f.
177 Vgl. Curry: Agincourt. A New History (2006), S. 17–19 .
178 Ehlers: Der Hundertjähriger Krieg (2009), S. 67.
179 Vgl. Wagner: Encyclopedia of the Hundred Years War (2006), S. 1f.

umstritten ist der Befehl Heinrichs nach der Schlacht, einen Großteil der französischen Gefangenen töten zu lassen – unritterlich und unüblich in dieser Zeit.[180] Die Historikerin Anne Curry verstand diese Tat als gerechtfertigt, da sie militärisch notwendig gewesen sei, um den Rückzug der Franzosen zu erzwingen.[181] Der britische Historiker Ian Mortimer hingegen bewertete Heinrichs Vorgehen im Krieg anders. Er kritisierte eine überschwängliche, seiner Betrachtung nach zu subjektive Bewertung Heinrichs früherer Arbeiten, die ihn als großartigen König und Kriegsheld portraitierten. Letzteres passe kaum zu seiner religiösen Natur und während er ein begabter Organisator und entschlossener Anführer gewesen sei, hätte es ihm an Wärme, Empathie und auch einem Verständnis für menschliche Schwächen gefehlt.[182] Auf diesen Konflikt in der Deutungsfrage weist auch John Wagners *Encyclopedia of the Hundred Years War* hin:

> „Although he [Heinrich V.] has traditionally been portrayed as the most heroic and chivalrous of English monarchs, particularly by William Shakespeare in the play Henry V, some modern historians have questioned this view, seeing Henry as cruel, bigoted and self-righteous."[183]

Diese unterschiedlichen Bewertungen einer vielschichtigen historischen Person und ihrem Handeln legen nahe, die Interpretation William Shakespeare in *Henry V* und auch die daraus folgende Umsetzung in den Verfilmungen in den Blick zu nehmen, die Teile des Dramas mit geschichtswissenschaftlichen Erkenntnissen vermischen.

4.2.2 Shakespeares Portraitierung Heinrichs V.

Als *Henry V* 1599 uraufgeführt und ein Jahr darauf veröffentlicht wurde, bildete das Werk bereits den Abschluss der zweiten Tetralogie William Shakespeares, die auf der englischen Geschichte basierte. *Richard II* sowie *Henry IV Part One* und *Henry IV Part Two* waren wie auch *Henry V* nicht nur einzelne, lose von vergangenen Herrschern inspirierte Theaterstücke, sondern sie zeichneten in gewissem Maße eine englische Nationsbildung nach. Die übergreifende Handlung kann so verstanden werden, dass mit der Ermordung König Richards II. am Ende des ersten Stücks eine feudale Zeit zu Ende geht, an deren Stelle eine modernere Epoche beginnt, die von Heinrich V. eingeläutet wird. Dieser tritt als Figur auch in den drei ersten Dramen auf und

180 Vgl. dazu ausführlicher: Curry: Agincourt. A New History (2006), S. 291–295.
181 Vgl. Curry: Agincourt. A New History (2006), S. 295.
182 Vgl. Mortimer: 1415. Henry V's Year of Glory (2009), S. 1f.
183 Wagner: Encyclopedia of the Hundred Years War (2006), S. 149.

überschattet dadurch die übrige Besetzung der Tetralogie.[184] *Henry V* wird unter den sogenannten „history plays“ als besonders patriotisch interpretiert. Vordergründig zeigt es den langen Weg zur britischen Vereinigung:

> „Shakespeare chronicles an age of feuding warlords and, in what may seem to be his most patriotic play, Henry V, reminds his audience that the motley horde of English, Irish, Welsh, and Scots that make up the king's army scarcely constitutes 'one nation'. [...] Shakespeare shows not only alternative political systems, republics and elective monarchies, but lays out, in all their complexity and tenuousness, the devious paths by which the crown descended to Elizabeth."[185]

Während der Autor zwar nicht gezwungen war, sich an historische Fakten zu halten, sind diese Stücke doch deutlich mehr als nur romantische Heldengeschichten. In die klassischen Narrative werden geschichtliche Realitäten und die Reflexion politischer Zustände eingebunden.[186]

Die Handlung um die Figur Heinrichs V. in Shakespeares Tetralogie wird vielfach als wundersame Transformation verstanden, die als beabsichtigter Kontrast zu dem negativen Portrait Richards III. aus der ersten Tetralogie oder gar als Bild des biblischen prophezeiten Sohnes ausgelegt wurde. Im ersten Teil von *Henry IV* tritt er als junger Prinz Hal auf, der in seiner rebellischen Jugend mit seinen Kumpanen trinkt und Streiche spielt. Nach einer Versöhnung mit dem Vater und besonders nach seiner Krönung zum König wird Heinrich V. von den Chören vor jeder Szene als perfekter christlicher Monarch angepriesen. Das Drama *Henry V* zeigt ihn hingegen durch seine Dialoge und sein Handeln vordergründig als charismatischen, taktierenden Fürst, der eher dem Ideal Machiavellis entsprechen mag.[187] Seine Charakterisierung ist jedoch darüber hinaus gezielt darauf ausgelegt, ihn nicht nur als großen Eroberer zu portraitieren. In erster Linie scheint es darum zu gehen, zwar die kriegerische Natur des Königs darzustellen, sie aber mit der Vorstellung eines gerechten Krieges zu kontextualisieren, wie sie in Shakespeares Zeit üblich war.[188] So legt Heinrich großen Wert darauf, seine höheren Ziele auf gerechtem Wege und nach den Prinzipien der christlichen Moral zu verfolgen. „It is this aspect of Shakespeare's portrayal of Henry V that transforms and

184 Vgl. Gomes: Hal, Prince Henry, Henry V. Unravelling England through Shakespeare (2011), S. 2f.

185 Hattaway: The Shakespearean history play (2004), S. 9.

186 Vgl. Hattaway: The Shakespearean history play (2004), S. 10–12.

187 Vgl. Kizelbach: The Pragmatics of Early Modern Politics. Power and Kingship in Shakespeare's History Plays (2014), S. 221f.

188 Vgl. Mattox: Henry V: Shakespeare's Just Warrior (2000), S. 30.

elevates him from the status of being *merely* England's greatest warrior to the status of England's consummate *just warrior*." [189]

Im britischen Theater haben die „history plays" eine lange Tradition, gehören sie doch zu den berühmtesten Werken Shakespeares. Sie aber im Rahmen der beiden Tetralogien zu spielen, wie es die *Royal Shakespeare Company* heute tut, ist eine relativ moderne Praxis, da sie eigentlich zu unterschiedlichen Zeitpunkten und nicht in chronologischer Reihenfolge verfasst wurden. Bis in das späte 19. Jahrhundert führte man sie oft in stark abgewandelter Form als Komödien oder Tragödien auf. Besonders beliebt waren *Richard III* und *Henry IV* wegen ihrer unterhaltsamen Figuren.[190] Es mag auf den zweiten Blick nicht überraschen, dass der Gedanke, die acht Stücke als einen fortlaufenden, kohärenten Zyklus zu spielen, gerade im Deutschland der Romantik rezipiert wurde. Dort produzierte Franz von Dingelstedt 1864 am Weimarer Hoftheater zur Feier von Shakespeares 300. Geburtstag als erster alle acht Dramen als ein Gesamtwerk. In den Erzählungen von den Bürgerkriegen und Konflikten der englischen Geschichte sahen seine Zeitgenossen Parallelen zum aktuellen Zustand des Deutschen Reiches. Die Aufführung trug nationalromantische Züge, war vor allem aber von der politischen Botschaft einer Verantwortung der Eliten für das Volk und drohender Ungerechtigkeit, Uneinigkeit und Krieg geprägt.[191]

In der modernen Rezeption sind die Bewertungen des *Henry V*-Dramas in der Regel zwischen zwei Lagern gespalten, die durchaus die verschiedenen Einschätzungen der Geschichtswissenschaft zu der korrespondierenden historischen Person widerspiegeln. Eine Seite versteht das Stück als patriotisch und seinen Protagonisten als außergewöhnlichen, heldenhaften Monarchen. Die andere Seite kritisiert nationalistische Tendenzen und betrachtet Heinrichs Figur als „ruthless Machiavel"[192], besonders in Hinblick auf die Tötung der Gefangenen bei Agincourt. Was Verfilmungen betrifft, so ist keines der „history plays" häufiger umgesetzt worden als *Henry V*. Diese Versionen des Dramas wurden nicht minder kontrovers rezipiert, seien es nun die Heroisierung, der Patriotismus oder die Entmystifizierung, für die sie gelobt oder kritisiert worden sind.[193]

---

189 Mattox: Henry V: Shakespeare's Just Warrior (2000), S. 30.

190 Vgl. Hampton-Reeves: Theatrical afterlives (2004), S. 229f.

191 Vgl. Hampton-Reeves: Theatrical afterlives (2004), S. 232.

192 Chernaik: The Cambridge Introduction to Shakespeare's History Plays (2009), S. 150.

193 Vgl. Chernaik: The Cambridge Introduction to Shakespeare's History Plays (2009), S. 150f.

4.3 Filmische Umsetzungen des Heinrich-Stoffs von 1944 bis 2019 – Produktionskontexte und Rahmenhandlungen

4.3.1 Henry V (Großbritannien, 1944)

Produktion: Ein Kostüm-Epos in Technicolor für Winston Churchill

Für *Henry V* aus dem Jahr 1944 übernahm Laurence Olivier nicht nur Regie und Produktion, sondern auch die Hauptrolle des jungen englischen Königs. Der Film wurde von der Produktionsfirma *Two Cities Films* mit einer damals noch neuartigen Methode von *Technicolor* in Farbe realisiert. Mit einem deutlichen Fokus auf die Shakespeare-Vorlage übernimmt der Film große Teile der Originaldialoge und beginnt mit dem Globe Theatre in London, in dem der berühmte Autor selbst das Schauspiel eröffnet. Der Film wurde in Großbritannien 1944 veröffentlicht und in Westdeutschland zum ersten Mal 1950 gezeigt. Der Anschluss an populäre literarische Stoffe sollte das Risiko hoher Produktionskosten senken.[194] Dennoch handelte es sich zum Zeitpunkt des Drehs um die bis dato teuerste britische Produktion.[195] Die Auswirkungen des Zweiten Weltkrieges waren unmittelbar spürbar: Winston Churchill verstand die Schlacht von Agincourt als „[…] most heroic of all the land battles England has ever fought."[196], was den mystifizierten Charakter dieses Ereignisses im kollektiven Gedächtnis der Brit:innen unterstreicht. Zudem war der Premierminister ein Bewunderer der Werke Shakespeares, die er häufig zitierte und deren Wirkmacht er für seine politischen Ziele zu nutzen wusste. Das Stück *Henry V* eignete sich daher besonders gut für die Unternehmung eines großen Propagandafilms, wie ihn das britische Informationsministerium drehen lassen wollte. Zu diesem Zweck wurde Laurence Olivier durch das Ministerium aufgerufen, einen Film zu produzieren, welcher der britischen Sache im Zweiten Weltkrieg zuträglich sein sollte.[197] Der Regisseur ging später gar von einer maßgeblichen Bedeutung des Films für den Ausgang des Krieges aus: „I don't think we could have won the war without 'Once more unto the breach…' [Zitat Heinrichs im Film und der Vorlage] somewhere in our

194 Vgl. Kiening: Mittelalter im Film (2006), S. 37.

195 Vgl. Heinrich V. (1944) in der Internet Movie Database auf: imdb.com, zuletzt aufgerufen am: 14.01.2023.

196 Churchill, zitiert nach: Loyns: Churchill, Shakespeare, and Agincourt (2015), Online-Artikel des Hillsdale Colleges vom 24.10.2015 auf: winstonchurchill.hillsdale.edu, zuletzt aufgerufen am: 14.01.2023.

197 Vgl. Loyns: Churchill, Shakespeare, and Agincourt (2015), Online-Artikel des Hillsdale Colleges vom 24.10.2015 auf: winstonchurchill.hillsdale.edu, zuletzt aufgerufen am: 14.01.2023.

soldiers' hearts."[198] Der Film stellte auch in Churchills Verständnis einen moralischen Ansporn für die britischen Truppen dar, was allerdings unter anderem zur Folge hatte, dass Originalpassagen ausgelassen wurden, die man als Kritik am englischen König verstehen könnte.[199] Bosley Crowther von der *New York Times* schrieb in seiner Kritik 1946 über den Film:

> „A stunningly brilliant and intriguing screen spectacle, rich in theatrical invention, in heroic imagery and also gracefully regardful of the conventions of the Elizabethan stage. [...] And then the violence explodes as the ringing, racing battle of Agincourt is fought in all its medieval pomp."[200]

Er hob hier also besonders die technisch und gestalterisch aufwendige und spektakulär inszenierte Umsetzung hervor, deren Nähe zum Bühnentheater viel mehr als der Realismus als Qualitätsmerkmal verstanden wurde.

Insgesamt handelt es sich um ein Historienepos oder einen sogenannten Kostümfilm, der weite Teile der literarischen Vorlage übernimmt und in welcher Heinrich eine durchgehende, klare Heldenrolle besetzt. Ein solcher „Held" bezeichnet nach der *Enzyklopädie des Märchens* ein Idealbild, das sowohl auf historischen als auch fiktiven Grundlagen beruht, wobei der Held sich durch besonderen Mut und Tapferkeit auszeichnet.[201] Markant an der Gattung des Kostümfilms ist außerdem, dass die Erzählungen stärker auf literarischen Vorlagen als auf exakten historischen Fakten basieren. Dafür besitzen sie meist eine opulente Ausstattung und bedienen sich wiederholt der Motive von Krieg und Gewalt, ritterlicher Ethik und der Sehnsucht nach Frieden. Auf Heinrichs Vergangenheit als junger, feiernder Prinz wird im Film hingewiesen. Die Handlung setzt aber erst ein, als er bereits König ist. Seine Rolle ähnelt den moderneren Filmen jedoch dahingehend, dass er als ehrenvoll und moralisch handelnd gezeigt wird. Deutlich ist, dass die Person eines großen historischen Herrschers für das Publikum angesichts des Zweiten Weltkrieges als Inspiration und Leitfigur fungieren soll. Während Heinrich in den beiden neueren Filmen auch mit den negativen Aspekten der Heldenrolle hadert, glorifiziert der Regisseur ihn hier als stark, moralisch und ehrenvoll. Hedwig Röckelein weist in

198 Olvier, zitiert nach: Ewert: Henry V: A Guide to the Text and its Theatrical Life (2006), S. 118.

199 Vgl. Loyns: Churchill, Shakespeare, and Agincourt (2015), Online-Artikel vom 24.10.2015 auf: winstonchurchill.hillsdale.edu, zuletzt aufgerufen am: 14.01.2023, sowie: Davies: Filming Shakespeare's Plays (1994), S. 27.

200 Crowther: The Screen. Filmkritikreihe in der New York Times vom 18.06.1946, S. 30, öffentlich einsehbar im Archiv der New York Times auf: timesmachine.nytimes.com, zuletzt aufgerufen am: 14.01.2023.

201 Vgl. Enzyklopädie des Märchens 6 (1990), s.v. Held, Sp. 722 u. Sp. 726.

diesem Kontext darauf hin, dass Mittelalterfilme nur selten rein biographische Portraits präsentieren und stattdessen die Biographie einer Figur in Form einer Abenteuergeschichte oder anhand eines historischen Ereignisses aufbereiten.[202]

Handlung: Der Werdegang eines Königs zum Nationalhelden

Der Film beginnt im Jahr 1600 in London und zeigt den Autoren der Vorlage, William Shakespeare persönlich. Er präsentiert, stellvertretend für den Theaterchor, seinem Publikum das Stück, das aufgeführt werden soll. Die ersten Szenen finden in dieser Kulisse auf der Bühne statt. Der Erzbischof von Canterbury und der Bischof von Ely unterhalten sich auf einem Balkon über Heinrich V., der eine turbulente Jugend verbracht hat, nun aber als nobler und ehrenvoller König über England regiert. Heinrich selbst tritt ein und spricht mit seinen Beratern über seinen Anspruch auf den französischen Thron. Abgesandte des französischen Dauphins kommen hinzu, die dem König ein Geschenk überbringen – Tennisbälle, eine Anspielung auf seine Jugend, was als Beleidigung aufgefasst wird. Heinrich entscheidet sich zum Krieg mit Frankreich. Die Figuren des Corporal Nym, Bardolph und Pistol, welche schon in Shakespeares Vorgängerwerk *Henry IV* auftreten, fassen den Entschluss, sich Heinrichs Armee anzuschließen. John Falstaff[203] wird im hohen Alter im Bett eines Wirtshauses gezeigt, wo er verstirbt.

Nun findet die Handlung außerhalb des Globe Theaters statt. In Southampton macht sich die englische Flotte für den Krieg bereit und segelt nach Frankreich. Heinrichs Soldaten belagern die Hafenstadt Harfleur und nehmen sie ein. Der alte französische König Karl VI. zeigt sich angesichts der vordringenden Engländer besorgt, während sein Sohn, der Dauphin, auf einen Kampf erpicht ist. Bei Agincourt trifft das geschwächte englische Heer auf die feindliche Übermacht und die französischen Adeligen sind sich ihres Sieges sicher. Am Vorabend der Schlacht begibt sich Heinrich verkleidet unter seine Männer, um zu erfahren, was sie von ihm halten und macht ihnen Mut. Am Morgen hält der junge König eine bewegende Rede, die seine Männer anspornt. Die anstürmenden französischen Ritter bleiben im feuchten Schlamm des Feldes stecken und werden von den englischen Bogenschützen und den nun angreifenden Soldaten niedergestreckt. Erzürnt reitet der französische Dauphin mit einigen Edelleuten in das nun verlassene englische Lager, zündet dort Zelte an und

202 Vgl. Röckelein: Mittelalter-Projektionen (2007), S. 43–45.

203 John Falstaff ist, wie auch Nym, Bardolph und Pistol, keine historische Person, sondern entspringt der Vorlage William Shakespeares. Dort tritt er jedoch nur in den beiden Teilen von *Henry IV* auf, in *Henry V* kommt er als Bühnenfigur nicht vor. Sein Tod wird lediglich erwähnt.

tötet die Jungen und Knappen. Heinrich konfrontiert nach seinem Sieg den französischen Connétable, der Teil der Aktion war, und besiegt ihn im Zweikampf. In Paris trifft Heinrich auf den alten Karl IV., der sich ihm ergibt, ihn als seinen Nachfolger einsetzt und ihm gestattet, seine Tochter zur Frau zu nehmen.

4.3.2 Henry V (Großbritannien, 1989)

Produktion: Ein neuer Shakespeare in „The Age of Branagh"

Bis in die 1950er- und 1960er Jahre hinein blieben die Werke Shakespeares eine beliebte Filmvorlage. In der folgenden Phase verschwanden sie jedoch fast vollkommen von der Bildfläche, das Interesse an den klassischen Dramen schien abgeebbt zu sein. Erst als 1989 Kenneth Branaghs *Henry V* erschien, löste dies plötzlich eine große neue Nachfrage für die Stoffe des berühmten britischen Schriftstellers aus. Von 1989 bis 2001 erschienen so viele Shakespeare-Filme, wie es seit der Stummfilmära nicht mehr der Fall gewesen war, weshalb man diese Zeit teilweise sogar als „The Age of Branagh"[204] bezeichnet.[205]

Der nachwirkende Erfolg des Werks scheint offenkundig mit dessen Regisseur verbunden zu sein. Kenneth Branagh hatte als Theaterschauspieler einen Abschluss an der *Royal Academy of Dramatic Art* gemacht und während seiner Arbeit bei der *Royal Shakespeare Company* bereits Lob für seine Rollen bei Aufführungen von *Hamlet* und *Henry V* erhalten. Somit gab es für ihn auch eine persönliche Bestrebung, Shakespeare-Verfilmungen zu drehen. 1987 gründete er mit David Parfitt die *Renaissance Theatre Company*, deren erste große Filmproduktion eben jene *Henry V*-Verfilmung sein sollte. Wie schon Laurence Olivier, mit dem Branagh häufig verglichen wurde, war er nicht nur Regisseur des Films, sondern spielte auch die Titelrolle.[206] Die Finanzierung war ein schwieriges Unterfangen, da es sich um den ersten Film des 27-Jährigen handelte und potenzielle Investor:innen skeptisch waren, ob die Produktion erfolgreich sein würde.[207] Branagh war sich jedoch sicher, dass der Stoff für ein neues Publikum genau der Richtige wäre:

---

204 Crowl: Shakespeare at the Cineplex (2003), S. 1.

205 Vgl. Crowl: Shakespeare at the Cineplex (2003), S. 1.

206 Vgl. Encyclopaedia Britannica, s.v. Kenneth Branagh (letzte Aktualisierung: 06.12.2022), auf: britannica.com, zuletzt aufgerufen am: 14.01.2023.

207 Vgl. Cowley: Kenneth Branagh, Theatre's New Young King (Reader's Digest, Februar 1990), auf: branaghcompendium.com, zuletzt aufgerufen am: 14.01.2023.

„I was convinced I could make a Shakespeare film that would reach the people who watch *Batman* and *Crocodile Dundee* [...]. And I was sure *Henry V* was the play that would do it. It has a crackling narrative, immense visual possibilities, and so many ideas -- about politics, about war -- that seem right for now."[208]

Seit der Veröffentlichung von Oliviers Werk 1944 hatte sich die Filmbranche entscheidend gewandelt. Angesichts der Entstehung großer, moderner Kinos mit vielen Sälen in den 1970er Jahren, welche die Konkurrenz zu den immer zahlreicheren Neuerscheinungen forcierte, war ein Erfolg der *Henry*-Neuauflage keineswegs garantiert.[209]

Branaghs Rechnung ging womöglich vor allem auf, weil er sich um eine zugängliche Neufassung des klassischen Stücks bemühte, die man als weniger romantisiert empfand. In einem Blick hinter die Kulissen des Films in einem Beitrag der *BBC*-Sendung *Film 89* heißt es: „Though the stirring speeches of course remain, Branagh's film seeks to paint a more down to earth picture of a society at war."[210] Der Regisseur äußerte sich darin unter anderem über seine Intentionen. Ihn habe nicht nur Shakespeares Beschäftigung mit Fragen von Krieg und den damit verknüpften Entscheidungen angeregt, die zu den aktuellen Debatten passe, sondern auch die für das Publikum faszinierende Darstellung eines Anführers.[211] Besonders wichtig sei es ihm gewesen, einen Film für ein breites Publikum zu drehen: „Of all the plays, it's one of the most accessible, and I wanted it to be a popular film rather than an art film."[212]

Die Kritiken des Films fielen in der Regel positiv aus. Deborah Cowley pries die Produktion in der *Reader's Digest* besonders nachdrücklich an: „The success of *Henry V* is the crowning achievement to date in a career that, in eight short years, has made Kenneth Branagh a leading figure in British theatre."[213] Der bekannte Filmkritiker Roger Ebert vermerkte, dass Kenneth Branagh ein guter Schauspieler, aber noch kein so guter Regisseur sei und der Film daher sich hinziehende Längen aufweise. Entgegen dem Vorhaben der Zugänglichkeit sei er eher für diejenigen geeignet, die mit der

208 Branagh, zitiert nach: Cowley: Kenneth Branagh, Theatre's New Young King (Reader's Digest, Februar 1990), auf: branaghcompendium.com, zuletzt aufgerufen am: 14.01.2023.

209 Vgl. Crowl: Shakespeare at the Cineplex (2003), S. 2f.

210 Set Report zu Henry V aus der BBC-Sendung Film 89 (1989), verfügbar auf: youtube.com, zuletzt aufgerufen am: 14.01.2023.

211 Vgl. Set Report zu Henry V aus der BBC-Sendung Film 89 (1989), verfügbar auf: youtube.com, zuletzt aufgerufen am: 14.01.2023.

212 Branagh, zitiert nach: Set Report zu Henry V aus der BBC-Sendung Film 89 (1989), verfügbar auf: youtube.com, zuletzt aufgerufen am: 14.01.2023.

213 Cowley: Kenneth Branagh, Theatre's New Young King, Artikel der Reader's Digest vom Februar 1990, auf: branaghcompendium.com, zuletzt aufgerufen am: 14.01.2023.

Vorlage vertraut sind. Er lobte den Film dennoch als beachtliches Werk und kam nicht umhin, ihn mit Oliviers zu vergleichen. Dabei stach ihm vor allem der Fokus auf die brutale Schlacht ins Auge, der den gegenwärtigen Konventionen entspreche, wobei ein starker Kontrast zu den ruhigeren Szenen bei Hof entstünde:

> „Branagh's approach depends on blood-and-thunder, as opposed to Olivier's insouciance. Even though Olivier made his film in the midst of a world war, it is probably true to say that we live in a more violent time today. Certainly our films are more violent, and in a sense Branagh is only keeping up with the state of the art when he soaks his battles in blood and mud. What happens as a result is that the scenes in court seem to exist on a different level of reality […].“[214]

Solche Vergleiche zog auch Vincent Canby in seiner Kritik für die *New York Times*. Er lobte die vielschichtige Portraitierung des jungen Königs und stellte den Film mit dem Vorläufer der 1940er Jahre auf eine Stufe, wobei er die Unterschiede zwischen den beiden Produktionen beschrieb. Branaghs Film beschäftige sich weniger mit Politik und Staatsräson, sondern konzentriere sich stärker auf Heinrich V. als Mensch, der seiner Verantwortung gerecht werden muss. Besonders in der optischen Gestaltung sah er deutliche Gegensätze:

> „There is little pagaentry and less pomp. No fancy sets. The lighting is kept dim in the interiors and when the film moves outside, the skies are gray and air has the chill and damp of late fall, after the sun has lost its warmth. […] The battle fields are muddy and so messy that it's impossible to be quite sure which are the English and which are the French, though the carnage is explicit.”[215]

Der Wandel in der Umsetzung des klassischen Shakespeare-Stoffs, der seit der letzten großen Heinrich-Verfilmung vonstattenging, war den zeitgenössischen Kritiker:innen durchaus bewusst. Offenbar wurde es als ein weithin bekannter Trend verstanden, dass die modernen Filme Gewalt expliziter darstellten. Branaghs Film verstand sich unter diesem Gesichtspunkt als Versuch, die Vorlage in einer realistischeren, weniger durch Propaganda gefärbten Art und Weise umzusetzen.

---

214 Ebert: Henry V, Filmkritik in der Chicago Sun-Times vom 15.12.1989, auf: rogerebert.com, zuletzt aufgerufen am: 14.01.2023.

215 Canby: A Down-to-Earth ‘Henry V’ Discards Spectacle and Pomp, Filmkritik in der New York Times vom 08.11.1989, auf: nytimes.com, zuletzt aufgerufen am: 14.01.2023.

Handlung: Entscheidungen eines stolzen Herrschers

Der Chor, der die Handlung erklärend begleitet, wird in dieser Fassung von einem modern gekleideten Mann personifiziert, der während des Films als Kommentator in Erscheinung tritt. Am Beginn des Filmes läuft er durch ein verlassenes Filmstudio, das den Platz der Theaterbühne einnimmt, während er die ersten Zeilen des Stücks rezitiert. Er öffnet ein Portal, hinter dem sich im metaphorischen Sinn die nun folgende Geschichte verbirgt. Die Bischöfe von Canterbury und Ely wollen verhindern, dass der junge König ein Dekret erlässt, durch das große Teile ihres Kirchenbesitzes konfisziert würden. Sie beschließen, ihn davon abzulenken, indem sie seine Aufmerksamkeit auf die Krone Frankreichs richten. Unterstützt durch den Herzog von Exeter und den Earl von Westmoreland gelingt es ihnen, Heinrich zu überzeugen, dass ein Krieg mit Frankreich notwendig sei. Der König erhält kurz darauf von französischer Seite eine Schatulle mit Tennisbällen als spottende Anspielung auf dessen Jugend und Ablehnung seiner Forderungen, weshalb er Frankreich den Krieg erklärt. Es folgt eine Szene mit Nym, Bardolph und Pistol, den früheren Kumpanen Heinrichs, die vom Fieber John Falstaffs hören. Um die Relevanz der Figur zu zeigen, die in Shakespeares *Henry V* gar nicht mehr auftritt, wurde auf Rückblenden zurückgegriffen, in denen sich Heinrich von Falstaff und seinen jugendlichen Eskapaden lossagt. Anschließend treten drei adlige Verräter auf, die sich mit Frankreich verschworen haben. Nachdem der König von einem Betrunkenen beleidigt wurde, fragt er die drei Verräter, wie mit dem Mann verfahren werden soll. Sie empfehlen ihm, keine Gnade walten zu lassen, woraufhin Heinrich die Rolle eines „salomonischen Herrschers“[216] annimmt und eben dieses Urteil über die drei Adeligen fällt.

In der nächsten Szene wird, wie schon in Oliviers Fassung, der Tod John Falstaffs gezeigt. Anschließend erscheint der Herzog von Exeter gerüstet am französischen Hof, um die Forderungen nach der Krone zu überbringen. Die englische Armee ist inzwischen über den Kanal gesegelt und belagert Harfleur. Heinrich gelingt es, die Stadt einzunehmen. Währenddessen hält sich Katharina von Valois bei Hofe auf. In einer Vereinbarung, die vor dem Krieg getroffen wurde, war sie Heinrich V. als Braut versprochen worden. Bei schlechtem Wetter und Krankheit marschieren die Engländer währenddessen auf Calais zu. Auf dem Weg wird Heinrich vor eine schicksalshafte Entscheidung gestellt. Sein früherer Freund Bardolph hat unerlaubterweise eine Kirche geplündert, wofür er hängen soll. Noch einmal gibt es eine Rückblende, die den jungen Prinzen mit seinen Kumpanen zeigt. Heinrich lässt die Hinrichtung zu und

216 Die salomonische Herrschergestalt, benannt nach dem biblischen König Salomon, tritt in der erzählerischen Tradition als weiser und gerechter Richter in Erscheinung. Vgl. Burke: Helden, Schurken und Narren (1981), S. 164.

entsagt damit endgültig seiner Vergangenheit. Es folgt der Vorabend der Schlacht. Die Franzosen warten ungeduldig auf den Morgen. Heinrich bewegt sich währenddessen unerkannt durch das Lager seiner Truppen, um die Stimmung der Männer zu beobachten. Am nächsten Morgen sehen sich die Engländer einer französischen Übermacht gegenüber. Heinrich gibt seinen Truppen mit der berühmten Rede am St. Crispins-Tag Mut für den bevorstehenden Kampf. Eine lange Schlacht beginnt, es regnet und die französischen Reiter, die von Schlamm und Wetter behindert sind, werden von den englischen Bogenschützen aufgehalten. Eine lange Kamerafahrt zeigt nach dem Sieg der Engländer, wie die Toten und Verletzten vom Schlachtfeld getragen werden. Nun beginnen die Verhandlungen um den Frieden und Heinrich wird zum König Englands und Frankreichs erklärt. Bei Hofe trifft er auch auf Katharina von Valois, der er seinen Respekt und seine Liebe bekundet. Sie willigt ein, ihn zu heiraten. Am Ende des Films berichtet der Chor vom weiteren Verlauf der historischen Ereignisse und wie der französische Thron durch Heinrich VI. letztlich wieder verloren wurde.

4.3.3 The King (USA / Australien, 2019)

Produktion: Ein Historienfilm für das globale Heimkino

Nachdem der öffentlich-rechtliche britische Sender *BBC* im Jahr 2012 mit der Filmserie *The Hollow Crown* neue Verfilmungen von Shakespeares zweiter Tetralogie herausgebracht hatte, schien auch außerhalb Großbritanniens ein Interesse an neuen Adaptionen aufzukommen. Der australische Drehbuchautor und Filmproduzent Joel Edgerton sprach bereits 2013 in einem Interview mit *The Monthly* davon, dass er mit seinem Kollegen David Michôd an einem Filmskript, basierend auf *Henry IV* und *Henry V*, gearbeitet habe[217]. 2018 wurde angekündigt, dass Michôd die Regie und Timothee Chalamet die Hauptrolle des Films übernehmen. Die Produktion entstand in Kooperation mit der Firma *Plan B Entertainment* und wurde nicht für das Kino, sondern über *Netflix* vertrieben.[218] Das Unternehmen, welches aus einem online betriebenen DVD-Verleih entstanden ist und sich auf das Online-Streaming von Serien und Filmen spezialisiert, gilt aktuell als Marktführer in der medialen Unterhaltungsbranche:

217 Vgl. Davies: Joel Edgerton after Gatsby, Online-Artikel in The Monthly vom Juni 2013 auf: themonthly.com, zuletzt aufgerufen am: 14.01.2023.

218 Vgl. Fleming: Timothee Camalet To Play King Henry V In David Michôd Netflix Film 'The King', Online-Artikel in Deadline vom 08.02.2018 auf deadline.com, zuletzt aufgerufen am: 14.01.2023.

„[…] Netflix has not only achieved remarkable financial success, but, like Amazon, Facebook, Google, and a handful of other internet-based companies, has become synonymous with the growing, pervasive impact of technology. Unlike these other firms, Netflix is primarily devoted to high-quality media content, the type of entertainment that has been traditionally produced by the Hollywood studios and major television networks.“[219]

Längst bietet die Plattform nicht mehr nur lizensiertes Material an, sondern setzt verstärkt auf eigene Serien- und Filmproduktionen, die das Markenprofil und die Alleinstellungsmerkmale des Angebots herausstellen und sich dabei auf dem Produktionsniveau von Kinofilmen befinden sollen.[220]

Einer der Schlüssel zum Erfolg und wesentliches Markenzeichen des Angebots ist laut Kommunikationswissenschaftler Timothy Havens dessen Personalisierung. Aus der Vielzahl an Videos wird dem Kunden mithilfe eines eigenen Algorithmus eine Auswahl präsentiert, die populäre Serien oder Neuerscheinungen anzeigt, aber auch bestimmte Kategorien und Genres vorstellt.[221] *The King* wird dabei unter „Filme nach wahren Begebenheiten“, „Historienfilme“ und „Dramen“ eingeordnet, kann aber beispielsweise auch unter „Im Mittelalter spielende Filme“ oder „Ritter“ gefunden werden. Wenn Nutzer:innen nach solchen Kategorien suchen, tritt *The King* an prominenter Stelle auf. Mit einem Budget von 23 Millionen US-Dollar erreicht er zwar nicht die Liga der großen Hollywood-Produktionen, erweist sich aber dennoch als aufwendig inszeniert. Dabei nahm man sich größere Freiheiten in der Adaption als bei früheren Verfilmungen. Die Handlung ist als eine sogenannte „Coming-of-Age-Story“ konzipiert, bei der ein junger Protagonist die Verantwortung für sein Handeln übernehmen muss. Skizziert wird der mühsame Weg des Erwachsenwerdens und der Selbstdisziplinierung.[222] Angelehnt an die Theorien zum Jugendfilm durchlebt der Hauptdarsteller verschiedene Momente, die ihn an persönliche Grenzen bringen und die es zu überwinden gilt.[223] Dabei erhalten die Zuschauer:innen Einblicke in die Gefühlswelten Heinrichs. So reiht sich der Film stärker in eine Entwicklung seit den 1950er Jahren ein, in der das Verhalten der Menschen zwischen gesellschaftlichen Rollenerwartungen und die Verweigerung derselben in Literatur und Film zunehmend ihren Niederschlag finden.[224] Heinrich wird als jugendlicher Draufgänger dargestellt,

219 McDonald / Smith-Rowsey: Introduction. In: The Netflix Effect (2016), S. 1f.

220 Vgl. McDonald / Smith-Rowsey: Introduction. In: The Netflix Effect (2016), S. 3.

221 Vgl. Havens: Netflix. Steaming Channel Brands as Global Meaning Systems (2018), S. 321f u. S. 325.

222 Vgl. Röckelein: Mittelalter-Projektionen (2007), S. 53.

223 Vgl. Schumacher: Jugendfilm (2013), S. 309.

224 Vgl. Hornung: Postmoderne bis zur Gegenwart (2010), S. 307.

der sich seiner Rolle als Prinz entziehen will, aber durch äußere Umstände, womöglich durch schicksalshafte Ereignisse, zu einem starken Herrscher heranwachsen muss. Er soll, trotz seiner Verantwortungslosigkeit zu Beginn, die Identifikationsfigur für das Publikum sein, da er sich für idealistische Ziele einsetzt, aber dabei mit seinen eigenen Gefühlen hadert. Die Shakespeare-Vorlage dient eher als ein grobes Grundgerüst, das sehr frei interpretiert wird. Während etwa Falstaff in den Fassungen von 1944 und 1989 nur im Sterben oder in Rückblenden gezeigt wird, dient er hier als treuer Freund und Berater des Königs, welcher als bodenständiger, tapferer „Haudegen" einen Kontrast zu den Adeligen bei Hofe liefert.

Tatsächlich erfüllt *The King* nicht den selbst auferlegten Anspruch, die Historie differenzierter darzustellen als es die Werke der 1940er- und der 1980er Jahre vermochten. So wird der Angriff Englands auf Frankreich in allen drei Fassungen legitimiert. In den früheren *Henry V*-Filmen ist immerhin direkt zu Beginn offengelegt, dass der Erbschaftsanspruch die treibende Kraft ist. In der modernen Fassung hingegen wird es so dargestellt, als setze sich Heinrich für den Frieden ein und würde nur durch eine fingierte Drohung und den Verrat Gascoignes zu der Kriegserklärung gezwungen werden. Diesen „Plot Twist" am Ende der Handlung gibt es in Shakespeares Drama nicht. Letztlich macht es den Anschein, als trage er keine Schuld an dem militärischen Konflikt, den er zu verhindern versucht hätte. Der französische Historiker Christophe Gilliot, der das Agincourt-Museum leitet, das an die berühmte Schlacht erinnert, nannte den Film in einem Interview deshalb sogar „[...] anti-French nonsense that flatters a war criminal […]"[225]. Er kritisierte die „frankophoben" Tendenzen des Films und skizzierte den historischen Heinrich V. als Kriegsverbrecher. So seien beispielsweise die Plünderungen durch die englische Armee oder die Exekution französischer Gefangener ausgelassen worden, während den französischen Truppen eine besondere Grausamkeit zugeschrieben werde.[226] Die Mehrheit ging mit der Produktion jedoch nicht so hart ins Gericht wie Gilliot. Auf einer Basis von knapp 67.000 Nutzermeinungen ermittelt die *Internet Movie Database* eine durchschnittliche Bewertung von 7,3 von 10 Punkten.[227] Auf eine ähnliche Wertung kommt das Internetportal *Rotten Tomatoes*, auf dem die Kritiker:innen 71%,

225 Gilliot, zitiert nach: Samuel: Netflix's 'The King' is anti-French nonsense that flatters a war criminal, says director of Agincourt museum, Online-Artikel vom 04.11.2019, auf: telegraph.co.uk, zuletzt aufgerufen am: 14.01.2023.

226 Vgl. Samuel: Netflix's 'The King' is anti-French nonsense that flatters a war criminal, says director of Agincourt museum, Online-Artikel vom 04.11.2019, auf: telegraph.co.uk, zuletzt aufgerufen am: 14.01.2023.

227 Vgl. The King in der Internet Movie Database, auf: imdb.com, zuletzt aufgerufen am: 14.01.2023.

die Zuschauer sogar 83% vergaben.[228] Auffällig ist hier eine Bemerkung der Freiwilligen Selbstkontrolle der Filmwirtschaft (FSK), die zwar auf die drastischen Kriegs- und Gewaltszenen verweist, dazu jedoch anmerkt:

> „Die Gewalt wird jedoch in keinster Weise verherrlicht, sondern veranschaulicht vor allem die Grausamkeit von Krieg und Tyrannei. Jugendliche ab 16 Jahren sind in der Lage, diese Antikriegsbotschaft zu verstehen und die Gewaltszenen entsprechend einzuordnen. Zudem erleichtert der historische Spielort Zuschauern dieses Alters eine emotionale Distanzierung zu den Geschehnissen."[229]

Generell fällt auf, dass die düstere Inszenierung seitens der Filmkritiker:innen größtenteils positiv hervorgehoben wird. Ein Autor des Schweizer Filmportals *OutNow* betitelte seinen Artikel mit der Überschrift „Auf den Thron gezwungen" und schrieb: „Die Bilder seines Werks [gemeint ist Michôd] sind kalt und düster und passend zur Ungewissheit, welche über Englands Königreich herrscht."[230] Auf *Netflix* selbst wird die Handlung so präsentiert: „Gestern war er noch ein Trunkenbold und Taugenichts. Jetzt ist er König. Nun liegt Englands Schicksal in seinen Händen."[231] Der Film wurde zu den Filmfestspielen in Venedig am 2. September 2019 zum ersten Mal gezeigt und am 1. November des Jahres auf *Netflix* veröffentlicht.

Vom Prinzen zum König – Eine „Coming of Age"-Erzählung

Die Handlung des Films setzt auf eine moderne Inszenierung des Werdegangs des englischen Prinzen Heinrich im frühen 15. Jahrhundert, lehnt sich jedoch auch an die Vorlage der Shakespeare-Dramen an. So ist der Prinz im ersten Teil des Films mit seinem Freund John Falstaff in London eher damit beschäftigt, seine Jugend auszuleben, als sich auf die Thronfolge vorzubereiten. Ihn erreicht die Nachricht, sein jüngerer Bruder Thomas werde in den laufenden Anglo-Schottischen Krieg gesandt und solle an seiner statt die Nachfolge des Vaters antreten. Henry muss Verantwortung übernehmen und verhindert die bevorstehende Schlacht zwischen Thomas und dem Rebellen Henry Percy (Hotspur), indem er diesen zum Zweikampf herausfordert und tötet. Thomas klagt darüber, sein Bruder hätte allen Ruhm für sich beansprucht und wird wenig später während seines Feldzugs in Wales getötet. Nach dem Ableben von

228 Vgl. The King in der Filmbewertungsplattform Rotten Tomatoes, auf: rottentomatoes.com, zuletzt aufgerufen am: 14.01.2023.

229 The King im Verzeichnis der Freiwilligen Selbstkontrolle der Filmwirtschaft (FSK) auf: spio-fsk.de, zuletzt aufgerufen am: 14.01.2023.

230 Izzo: Auf den Thron gezwungen, Filmkritik vom 06.09.2019 auf: outnow.ch, zuletzt aufgerufen am: 14.01.2023.

231 Handlungsbeschreibung des Films The King auf: netflix.com, zuletzt aufgerufen am: 14.01.2023.

König Heinrich IV. besteigt der Protagonist als Heinrich V. den Thron. Zunächst versucht er, den Waffenstillstand mit Frankreich zu wahren. Allerdings wird bald darauf ein Attentäter verhört, den der französische König Karl VI. gesandt haben soll, um Heinrich zu ermorden. Es scheint keinen Ausweg mehr zu geben, als Stärke zu zeigen und Frankreich wird der Krieg erklärt. Heinrich ernennt Falstaff zu seinem Militärstrategen und segelt mit einem Heer über den Kanal. Nach der Belagerung von Harfleur sieht sich seine Armee einer großen französischen Übermacht ausgesetzt, die von dem gerissenen Dauphin Louis von Guyenne angeführt wird. Durch den Plan Falstaffs, das schlechte Wetter und den schlammigen Boden auszunutzen, siegt das zuvor unterlegene englische Heer auf spektakuläre Weise. Der Dauphin will Heinrich gegen Ende der Schlacht angreifen, rutscht jedoch demütigend im Schlamm aus und wird von Fußsoldaten umgebracht. Als die Engländer weiter in das Inland vordringen, ergibt sich Karl VI. und bietet Heinrich die Hand seiner Tochter Katharina von Valois an. Nach der Rückkehr realisiert Heinrich im Gespräch mit seiner neuen Verlobten, dass der Attentäter nicht vom französischen König geschickt worden war. Er konfrontiert William Gascoigne, seinen Obersten Richter, der ihm zur Kriegserklärung geraten hatte. Dieser gibt schließlich zu, den Attentäter beauftragt zu haben, da der Sieg im Krieg für tatsächlichen Frieden notwendig gewesen sei. Heinrich tötet ihn und kehrt zu Katharina mit der Bitte zurück, ihm gegenüber immer offen und ehrlich zu sein.

4.4 Vergleichende Motivanalyse

Im Folgenden geht es um die Frage, mit welchen Elementen der Schauplatz „Mittelalter“ und das verbundene Attribut des „Mittelalterlichen“ filmisch ausgestattet werden. Dazu wurden aus den drei vorgestellten Produktionen exemplarische Szenen herausgegriffen und anhand thematischer Schwerpunkte miteinander verglichen. Dabei spielt zunächst die audiovisuelle Inszenierung eine zentrale Rolle. Teil davon sind die Bild- und Lichtstimmungen, dominierende Farben oder die Ausgestaltung von Sets und Bühnenbild. Hinzu kommen auditive Elemente, die die visuellen Eindrücke ergänzen. Darüber hinaus werden Bereiche in den Blick genommen, die sich durch wiederkehrende Motive auszeichnen, aus denen sich das populäre Mittelalterbild speist. Dazu zählen bestimmte Requisiten und Kostüme, Schmutz und Sauberkeit, die erkennbaren Standesunterschiede sowie das Feld von Krieg und Gewalt. Während die historische Akkuratesse dieser Punkte nicht das Hauptanliegen der Analyse darstellt, hilft ein Blick auf entsprechende wissenschaftliche Erkenntnisse dennoch, die konstruierten Geschichtsbilder einzuordnen.

4.4.1 Was macht eine „mittelalterliche“ Stimmung aus? Audiovisuelle Inszenierung

Die audiovisuelle Ausgestaltung eines Films hat einen entscheidenden Einfluss darauf, wie die Handlung wahrgenommen wird, welche Eindrücke und Emotionen entstehen und wie die Dramaturgie der Erzählung verläuft. Die hier ausgewählten Szenen finden allesamt im Kontext von Palästen, Thronsälen und Königen statt und sollen die Richtungen des jeweiligen visuellen und auditiven Designs aufzeigen. Im Vordergrund steht die Frage, inwiefern die Filme ein im wörtlichen Sinne „finsteres“ Mittelalter inszenieren und welcher Mittel sie sich dabei bedienen. Schließlich ist es gerade ein Merkmal des Blockbuster-Kinos, dass Spezialeffekte Verwendung finden, bei denen etwas künstlich erzeugt wird, das von den Zuschauenden dennoch als realistisch wahrgenommen wird, ohne dass dies weiterer Erklärung bedürfe.[232]

In Oliviers *Henry V* (1944) wird für die erste Szene, die den französischen Hof zum Schauplatz hat, zunächst in einem „establishing shot“[233] ein hoch oben liegender Palast gezeigt, der aus dem Nebel in einen blauen Himmel ragt. Mit weiß gekalkten Türmen und blauen Dächern macht das Gebäude einen majestätischen Eindruck. Man arbeitete hier, wie auch für die meisten Hintergründe, mit Malereien, die gefilmt und eingefügt wurden. Der Saal, in der die Szene spielt, ist hell ausgeleuchtet und mit schmalen, bemalten Säulen ausgestattet, die in Rundbögen enden. Im Hintergrund sind Fenster zu sehen, die optisch in ein Maßwerk eingefasst sind. Dahinter erstrecken sich grüne Hügel und einige Bäume. In der Mitte des geschmückten Raums steht ein blauer Thron, der mit den goldenen französischen Lilien versehen ist.[234] Im Raum verteilt sind ein dösender Soldat, ein Adeliger, der sich die Zeit mit einem Ballspiel vertreibt, ein weiterer, der aus dem Fenster blickt und König Karl VI., der an eine Säule gelehnt auf dem Boden sitzt. Musikalisch ist die Szene von Flöten und kurz darauf einsetzenden Geigen untermalt, die sanft einsetzen, aber allmählich lauter werden. Sobald Karl zu sprechen beginnt, stoppt die Musik. Erst als sich Heinrichs Botschafter dem Thronsaal nähert, erklingen Trompeten.

Die Aufnahme des Schlosses über den Wolken wirkt beinahe märchenhaft. Dessen äußere Gestalt erinnert jedoch mit den weißen Mauern, blauen Dächern und hohen Türmen auch an die zeitgenössischen Darstellungen der Schlösser der *Très Riches*

232 Vgl. Pölzl: Mittelalterrezeption im Blockbuster-Kino (2018), S. 22.

233 Ein establishing shot soll in einer Totale eine folgende Szene verorten und dem Publikum zeigen, wo sich die Handlung gerade befindet, Vgl. Lexikon der Filmbegriffe der Universität Kiel, s.v. establishing shot, auf: filmlexikon.uni-kiel.de, zuletzt aufgerufen am: 14.01.2023.

234 Siehe Abb. 1.

Heures[235], dem Stundenbuch des Herzogs von Berry des frühen 15. Jahrhunderts. Das Bühnenbild der Szene ist, wie der Großteil des Films, detailreich und farbenfroh gestaltet, was nicht zuletzt der damals neuartigen Verwendung von Technicolor Rechnung tragen dürfte. Die äußere Gestaltung erinnert an ein aufwendiges Theaterstück. Das Licht ist nicht realistisch oder dynamisch gehalten, sondern leuchtet die Szene stets gleichmäßig und vollständig aus. Entsprechend liegt der Fokus mehr auf den jeweiligen Bühnenbildern und Requisiten als auf Lichtstimmungen, die den Verlauf der Handlung widerspiegeln würden. Dafür erfüllt zeitgemäß die Musik hier eine solche Funktion. Die Arbeit des Komponisten William Walton[236] für den Film kann als klassische Filmmusik der 1940er Jahre gelten und unterstützt die Charakterisierung der Figuren. Die sachten Töne transportieren die sorglose Untätigkeit am französischen Hof, die folgenden Trompeten hingegen zeigen die Stärke der englischen Seite. Als sie zu hören sind, horcht Karl erschrocken auf.

Das Gegenstück dazu in Branaghs *Henry V* (1989) spielt ebenfalls im Thronsaal Karls VI. Hier beginnt die Szene jedoch direkt im Innenraum. Der König sitzt auf einem Stuhl vor einem Behang aus einem gemusterten Seidenstoff. Flankiert von ihm sitzen im Kreis seine Berater und hohen Adeligen, die sich versammelt haben, um über die Lage zu beraten. In dieser Version des Raumes sind keine Fenster erkennbar. Somit ist nicht festzustellen, ob es Tag oder Nacht ist. Als Lichtquellen sind für die Zuschauer:innen nur eine eiserne Schale sichtbar, in der ein Feuer brennt, und entzündete Kerzen, die sich auf hohen Eisenständern hinter den Akteuren befinden. Darüber hinaus weist das Set keine weiteren Requisiten auf, im Kerzenschein dominieren an den Wänden des Sets vor allem Braun- und Ockertöne.[237] Die Musik ist auch hier an überleitenden Stellen zu hören. Während der Dialoge verstummt sie in der Regel. Die Szene wird vor allem von Blasinstrumenten begleitet, die am Beginn ertönen, später, als König Karl von der Schlacht von Crécy erzählt und schließlich, als der Herzog von Exeter als Abgesandter den Raum betritt.

Durch das deutlich schwächere Licht wirkt die Szene im Vergleich zum Film von 1944 dunkler und farblich blasser. Mit dem Feuer und den Kerzen entsteht jedoch eine warme Lichtstimmung, die die Krone und die Kette des Königs golden glänzen lässt. Die Kamera ist hier viel deutlicher auf die agierenden Schauspieler und die Dialoge konzentriert. Nahaufnahmen fokussieren die sprechenden Personen und ihre

235 Siehe: Husband: The Art of Illumination: The Limbourg Brothers and the Belles Heures of Jean de France, Duc de Berry (2008).

236 Vgl. William Walton in der Internet Movie Database, auf: imdb.com, zuletzt aufgerufen am: 14.01.2023.

237 Siehe Abb. 2.

Emotionen, wobei das Set stärker im Hintergrund steht und primär dazu dient, eine konkrete Stimmung zu unterstreichen. Der etwas kleinere, von Feuer- und Kerzenschein erleuchtete Raum mit seinen gedeckten Farben erweckt den Eindruck eines privateren Umfelds, in dem sich der König mit seinen Gefolgsleuten berät, und lässt die Szene eher wie ein Kammerspiel wirken. Dieser Ansatz wird auch von der musikalischen Begleitung getragen, für die der schottische Komponist Patrick Doyle[238] verantwortlich war. Die dumpfen Töne am Übergang zeichnen ein anderes Bild König Karls als die ältere Fassung. Er ist schon zu Beginn wegen der bevorstehenden Bedrohung durch England deutlich besorgt. Als er die Anwesenden in Erinnerung an die Niederlage bei Crécy warnt, erklingt für einen Moment unheilvolle Musik. Beim Erscheinen Exeters, der den Raum in voller Rüstung betritt, ertönen heroische orchestrale Töne, die hörbar bedrohliche Züge annehmen.

In *The King* (2019) tritt Karl VI. von Frankreich erst spät im Handlungsverlauf auf, nachdem die Schlacht von Agincourt bereits geschlagen wurde. Somit entfällt eine solche Szene für die französische Seite. Am englischen Hof gibt es jedoch am Beginn des Films eine vergleichbare Stelle. Hier tritt Heinrich IV. als König in Erscheinung, der wiederum in den beiden älteren Filmen nicht vorkommt, da diese erst einsetzen, als sein Sohn bereits herrscht. Die Szene beginnt am englischen Hof, wo eine Gruppe Adeliger sich mit dem Herrscher zu Tisch begibt, um zu essen. Auf einer Seite des Raumes befinden sich große Fenster, durch die jedoch lediglich ein schwaches Licht scheint, da die Szene insgesamt sehr dunkel gehalten ist. Die Farben sind gedeckt, Grau- und Brauntöne dominieren das Bild. In einer Gesamtaufnahme wirkt es beinahe, als wäre es im Zimmer neblig oder leicht verraucht. An den dunkel vertäfelten Wänden hängen vereinzelte Kerzen vor aufgemalten Wappen. Der Tisch und die Stühle bestehen aus ähnlichem Holz wie die Vertäfelungen. Optisch deutliche Akzente setzen das silberne Geschirr und die Speisen auf dem Tisch.[239] In Bezug auf die Musik ist die Szene zurückhaltend. Als König Heinrich IV. dem Raum näherkommt, was bereits durch sein Husten zu hören ist, erklingt einige Male ein schwacher Ton von Blasinstrumenten. Während der König mit Henry Percy spricht, der ihm Untätigkeit angesichts der Gefangenschaft seines Cousins vorwirft, sind langsam anschwellende, düstere Orchestertöne zu hören. Das Licht, das durch die Fenster in den Raum fällt und von einigen Kerzen abgegeben wird, leuchtet die Szene nur schwach aus. Die Lichtstimmung wirkt kühl, beinahe fahl, die Farben machen einen ausgewaschenen Eindruck.

238 Vgl. Patrick Doyle in der Internet Movie Database, auf: imdb.com, zuletzt aufgerufen am: 14.01.2023.

239 Siehe Abb. 3.

All dies lässt eine bedrückende Atmosphäre entstehen, die inhaltlich durch die Dialoge und Reaktionen der Charaktere transportiert wird und an einigen Punkten musikalisch Ausdruck findet. Für Letzteres war der US-amerikanische Komponist Nicholas Britell[240] zuständig. Die dumpfen Töne zu Beginn sind wie ein Echo des Hustens des alten Königs. Bedrohlich lauter werdende Klänge, als dieser Henry Percy gegenüber zornig wird, zeigen die aufkeimende Furcht der Männer vor ihrem Monarchen. Unterstützt wird diese Tatsache auch durch die Gestaltung des Raums, der durch die dunklen Wandvertäfelungen einengend erscheint. Die kostbar wirkenden Requisiten auf dem Tisch zeigen hingegen, dass es sich um ein Mahl von hohen Würdenträgern handelt. Auffällig ist jedoch, dass die Licht- und Farbeindrücke während des Films durchgehend ähnlich gewählt sind, selbst in Szenen, die positivere Konnotationen hervorrufen sollen. Sogar dann, wenn erkennbar die Sonne scheinen müsste, wirken die Farben ausgewaschen.

Betrachtet man die drei Szenen in der Verschränkung, so steht zunächst besonders eine Impression im Vordergrund: Während sich die üblichen Vorgehensweisen bei der musikalischen Untermalung weniger spürbar gewandelt haben, werden die Filme visuell in der Chronologie immer dunkler. Dieser Umstand markiert eine zentrale Veränderung hin zur nun präferierten, dystopisch anmutenden Ästhetik. Besonders in den Innenräumen fällt eine zunehmend schwache Ausleuchtung ins Auge, sodass die Details der Requisiten häufig nicht mehr gut zu erkennen sind. Zudem wirken die Farben fortlaufend blasser und ändern ihr Spektrum: sind es 1944 noch Grün- und Blautöne, die die Kulisse dominieren, stehen 2019 Grau und Braun stark im Vordergrund. Die Tendenz, Filme bewusst mit wenig Licht und einer geringen Farbsättigung zu drehen, tritt in zahlreichen modernen Mittelalterfilmen, aber auch bei anderen Produktionen auf. So erhielt etwa eine Ausgabe der populären Fantasy-Serie *Game of Thrones* 2019 online Kritik dafür, dass die Aufnahmen so dunkel gewesen seien, dass man kaum mehr etwas vom Geschehen hätte erkennen können.[241] Auch die gerade im Vergleich zum Konkurrenten *Marvel* oft dunkel gehaltenen Bilder der Superheldenfilme aus dem Hause *DC* sind im Internet immer wieder Gegenstand von Parodien und Memes.

Die Beweggründe für diese Art der Gestaltung können vielfältig sein. Lichtstimmungen und die Farbpalette eines Films, die oft in der Postproduktion nachbearbeitet werden, sind ebenso wie die musikalische Rahmung maßgeblich für die Atmosphäre einer Szene und dienen den Regisseur:innen als Werkzeug, um die Handlung audiovisuell

---

240 Vgl. Nicholas Britell in der Internet Movie Database, auf: imdb.com, zuletzt aufgerufen am: 14.01.2023.

241 Vgl. Bisset: Game of Thrones cinematographer defends ‘too dark’ episode, Artikel des Online-Magazins cnet vom 30.04.2019 auf: cnet.com, zuletzt aufgerufen am: 14.01.2023.

zu unterstreichen. So befindet sich König Heinrich IV. in *The King,* von politischen Unruhen, Intrigen und Krankheiten geplagt, in der Endphase seiner Regentschaft. Inszeniert wird also eine Atmosphäre, in der das Verblühen des herrschaftlichen Glanzes, der lauernde Tod und die drohenden Ränkespiele um dessen Nachfolge für die Zuschauenden spürbar werden. Für den Gegenspieler Karl VI. von Frankreich wiederum, der Zeit seines Lebens unter psychischer Krankheit und Wahnvorstellungen litt, gehen die beiden früheren Filme anders vor. Während der historische Karl zum Zeitpunkt der Handlung noch unter 50 war, wird er, anders als bei *The King,* in den Fassungen von 1944 und 1989 von Schauspielern dargestellt, die wesentlich älter wirken. In Oliviers Film wird sein verwirrter, teilweise geistig abwesender Zustand in der Szene schauspielerisch dargestellt, während er in Branaghs Version gefasster und ernster wirkt.

Die übergreifende Motivation für diese Veränderung in der Inszenierung scheint aber vor allem bei einem empfundenen Realismus zu liegen, der mit einer düsteren Grundstimmung verbunden wird. Der Wandel in der Aufmachung der Historienfilme fand in den 1980er- und 1990er Jahren in merklicher Abgrenzung zu den früheren Werken statt, die als zu idealisiert und märchenhaft angesehen wurden. So war Kenneth Branagh explizit um eine realitätsnähere und für das moderne Publikum zugänglichere Fassung des Shakespeare-Stoffes bemüht.[242] Während er große Teile der originalen Dialoge beibehielt, gestaltete sich besonders die optische Umsetzung und die Kameraführung anders als in Oliviers Film. Man konzentrierte sich stärker auf die Figuren der Handlung, fing das Geschehen aktiver durch die Kamera ein und wollte Shakespeare aufs Neue zum Sprechen bringen. Das Bühnenbild wurde damit eher zum Beiwerk.

Kamera, Licht und Farben in Michôds Film wiederum entsprechen, ob nun bewusst oder nicht, einer schon seit Längerem etablierten Konvention, die besonders für solche Fantasy- und Historienfilme zu gelten scheint, die „ernst genommen“ werden wollen. Diese Entwicklung blieb nicht unbemerkt und stößt in Kritiken nicht immer zwingend auf positive Resonanz:

> „Aber hier hängt er [Schauspieler Thimotée Chamalet] nun leider mit drin, im langen Historiendramatunnel voller entsättigter Farben und flackernder Funzeln, guttural

242 Vgl. Set Report zu Henry V aus der BBC-Sendung Film 89 (1989), verfügbar auf: youtube.com, zuletzt aufgerufen am: 14.01.2023.

geraunter Dialoge, starrender Geistlicher und sterbender Könige, die im letzten Moment noch irgendeinen Satz beginnen, den sie natürlich nicht mehr fertigkriegen."[243]

Nicht zu bunt und verspielt, sondern düster und explizit in der Darstellung von Gewalt soll es sein. Dieses Verständnis von Realismus geht zurück auf die beschriebenen Veränderungen der Filmgenres, die sich nach den gewandelten Erwartungen des Publikums richten. Dabei befasste sich die Produktionsdesignerin von *The King*, Fiona Crombie, eingehend mit der Buntheit und Detailverliebtheit repräsentativer mittelalterlicher Räume. In einem Interview betont sie ihre Recherchen und erzählt von weiß gekalkten Wänden, bunten Stoffen, Mustern und Fresken.[244] Abgesehen von Heinrichs Krönungsszene ist davon im finalen Film jedoch kaum etwas erkennbar, womöglich weil andere Aspekte der Sets für Kamera und Regie entscheidender waren.

Der historische Karl VI. von Frankreich residierte im Hôtel Saint-Pol in Paris. Zwar existiert der Palast nicht mehr in seiner damaligen Form, erhaltene Bauten wie die Sainte-Chapelle mit ihren hochstrebenden gotischen Buntglasfenstern und den farbig gefassten Figuren, Wänden und Fliesenböden zeigen jedoch treffend die Vorlieben des Hochadels, die sich in unterschiedlicher Ausprägung auch in Inventarlisten, Nachlässen und den zeitgenössischen Buchmalereien wiederfinden.[245] Da die mittelalterliche Gesellschaft besonders vom Repräsentationsdruck der jeweiligen Stände geprägt war[246], kann die Bedeutung solcher raumgestalterischer Elemente für einen König und seine Residenz gar nicht genug betont werden. Oliviers Film entwickelte daraus eine Art Märchenpalast, der majestätisch über den Wolken thront, während die beiden jüngeren Werke deutlich schlichtere und gedecktere Ausgestaltungen wählten. Auch ein verändertes populäres Bild der Figur des Königs könnte im Falle der gewählten Szenen damit verknüpft sein. Dieser wird traditionell als uneingeschränkter Herrscher verstanden, der mit äußeren Merkmalen wie goldener Krone, Thron und Szepter versehen und dadurch mit Attributen von großem Reichtum und Macht dargestellt wird.[247] Der König avanciert so zuweilen zur „Spitze der Sozialutopie […], um die

243 Hentschel: Kettenhemd im Skinny-Fit-Look, Online-Artikel des Spiegels vom 06.11.2019 auf: spiegel.de, zuletzt aufgerufen am: 14.01.2023.

244 Vgl. 'The King' Production Designer Fiona Crombie on How She Created 15th Century England, Online-Artikel der Zeitschrift Variety vom 07.11.2019, auf: variety.com, zuletzt aufgerufen am: 14.01.2023.

245 Siehe: Monnas: Reading English Royal Inventories. Furnishings and Clothing in the Inventory of King Henry V (r. 1413-1422) (2017), Weiss: Architectural Symbolism and the Decoration of the Ste.-Chapelle (1995), sowie: Husband: The Art of Illumination: The Limbourg Brothers and the Belles Heures of Jean de France, Duc de Berry (2008).

246 Vgl. Lexikon des Mittelalters 8 (1999), s.v. Stand, Stände, -lehre, Sp. 45–47 .

247 Vgl. Enzyklopädie des Märchens 8 (1996), s.v. König, Königin, Sp. 135f.

Träume des armen Mannes von Reichtum, Glück und Herrlichkeit zu erfüllen“[248]. Der britische Historiker Peter Burke verweist diesbezüglich auf den Prototyp des Herrschers, der oft durch Adjektive wie siegreich, triumphierend oder unbesiegbar qualifiziert ist und, sofern es sich um einen „guten“ Herrscher handelt, die Belange des Volkes Anteil nehmend vor Augen hat.[249] Zur Kompensation wird häufig darauf zurückgegriffen, negative Seiten des Königseins herauszustellen: „Dieser [der König] ist zwar reich, aber nicht glücklich, kann nicht lachen, ist krank [...] ist Witwer, hat Feinde, die sein Land bedrohen [...]“[250]. Daneben gibt es jedoch auch Narrative um Könige, die sich sozialkritisch mit deren Verfehlungen auseinandersetzen und sie als schwache Figur zeigen.[251] In Shakespeares Werk ist Karl VI. von Frankreich ein solch schwacher König, der besonders zum Protagonisten einen Kontrast bildet. Anders als in den Filmen von 1944 und 1989 wird er in *The King* gänzlich ohne die typischen königlichen Insignien dargestellt, was auch für Heinrich IV. gilt, der in den älteren Versionen nicht auftritt. Insgesamt findet eine zunehmende Entzauberung der Königsfigur statt, die in ihrer Würde nicht länger unantastbar ist, indem sie einerseits durch menschliche Schwächen und Gebrechen nahbarere Züge trägt, andererseits aber auch Gesellschaftskritik erfährt.

248 Enzyklopädie des Märchens 8 (1996), s.v. König, Königin, Sp. 144.
249 Vgl. Burke: Helden, Schurken und Narren (1981), S. 163f.
250 Enzyklopädie des Märchens 8 (1996), s.v. König, Königin, Sp. 144.
251 Vgl. Enzyklopädie des Märchens 8 (1996), s.v. König, Königin, Sp. 139f.

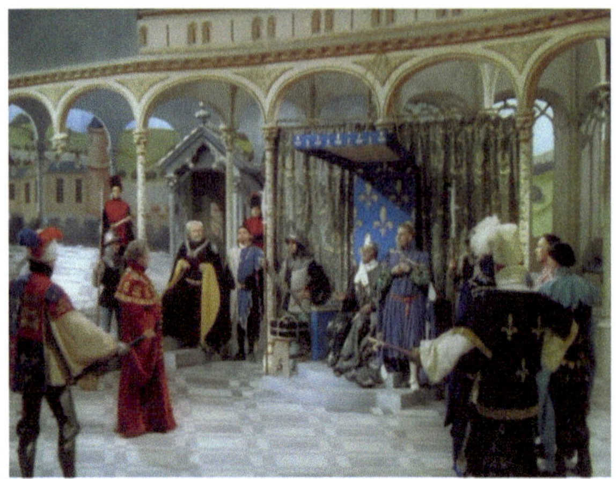

Abb. 1: Der französische Hof empfängt Heinrich V., Szene aus dem Film *Henry V*. Laurence Olivier, Produktion: Großbritannien 1944.

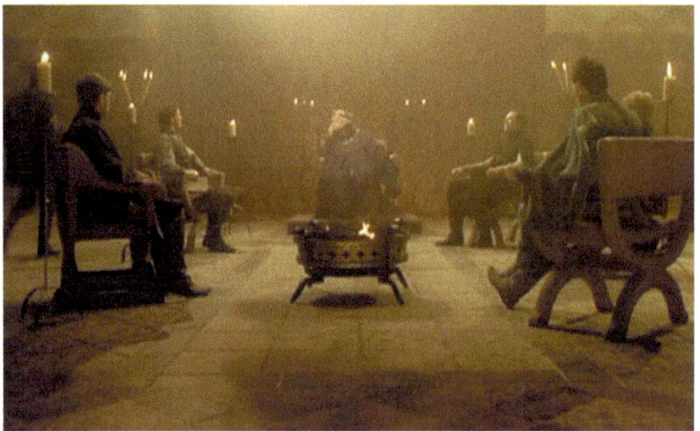

Abb. 2: Karl VI. von Frankreich berät sich mit seinen Gefolgsmännern, Szene aus dem Film *Henry V*. Kenneth Branagh, Produktion: Großbritannien 1989.

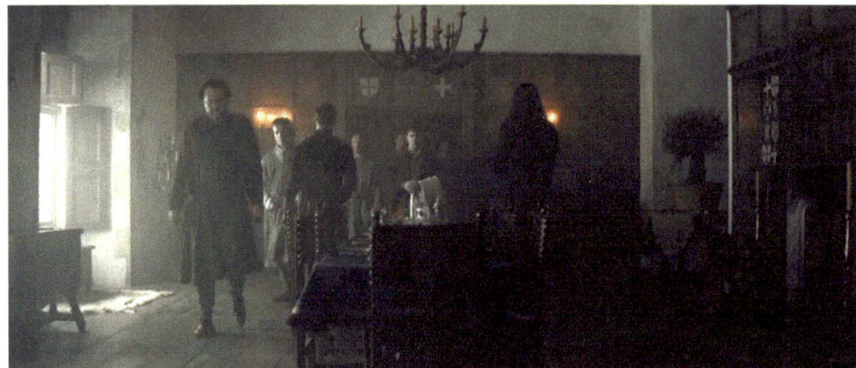

Abb. 3: Die Adeligen des englischen Hofes erwarten Heinrich IV., Szene aus dem Film *The King*. David Michôd, Produktion: USA / Australien 2019.

4.4.2 Wie riecht das Mittelalter? Sauberkeit und Hygiene

Ein wesentlicher Teil des stereotypen „finsteren“ Mittelalters bezieht sich auf den Schmutz und Mangel an Hygiene. Die Vorstellung, dass insbesondere Angehörige der niedrigeren gesellschaftlichen Schichten keinen Wert auf körperliche Hygiene legten, sich selbst und ihre Kleidung daher nur selten wuschen und ihren Unrat einfach aus ihren Fenstern schütteten, ist weit verbreitet.[252] Deshalb wurden zum Vergleich Szenen gewählt, die alle in einem häuslich-städtischen Kontext der ärmeren Stände spielen.

Die gewählte Passage aus Laurence Oliviers *Henry V* (1944) beginnt mit dem alten John Falstaff, der im Sterben liegt. Er befindet sich nachts im Bett in einem Wirtshaus. Dort wird er von der Wirtin des Hauses betreut. Der schlichte Raum ist von einer Kerze erleuchtet und lässt nur eine hölzerne Rückwand und das Bett erkennen, in dem Falstaff liegt. Neben ihm sitzt die Wirtin, die sich um seinen Zustand sorgt. Schließlich setzt er sich auf und blickt entgeistert in die Ferne. Er hört die Stimme Heinrichs, der ihn als seinen alten Kumpanen hinter sich gelassen hat und spricht noch einmal in Gedanken mit ihm. Als Falstaff verstirbt, berichtet die Wirtin draußen auf der Straße seinen früheren Gefährten Nym, Bardolph und Pistol davon. Diese entscheiden sich daraufhin, sich der Armee auf dem Weg nach Frankreich anzuschließen. Sie verabschieden sich und ziehen los.

Die Gestaltung der Szene ist dem Schauplatz entsprechend deutlich einfacher gehalten als diejenige am französischen Hof. Der Raum ist bis auf eine gemusterte Bettdecke nicht dekoriert und die Figuren tragen schlichte Kleidung in gedeckten Farben.[253] Suggeriert wird, dass der Innenraum des Wirtshauses nur durch eine Kerze erleuchtet ist, denn draußen auf der Straße ist es bis auf den schwachen Mondschein dunkel. Trotz der vergleichsweise einfachen Ausstattung wird deutlich: Der Film zeigt, bis auf einige wenige Aufnahmen während der Schlacht, keinen Schmutz, noch lässt er einen Eindruck von Gestank und mangelnder Hygiene vermuten.

In Branaghs *Henry V* (1989) tritt John Falstaff lediglich in Rückblenden auf. Dafür enthält der Film jedoch eine Szene, in der Bardolph das Wirtshaus betritt, in dem Heinrichs frühere Kumpanen wohnen. Dort findet er einen auf einem Stuhl schlafenden Mann vor, neben dem noch ein benutzter Teller mit einigen Speiseresten steht. Bardolph greift hinein und legt die Hand des Schlafenden weg, die noch auf dem Teller ruht. Er läuft weiter und setzt sich an einen Tisch, an dem bereits sein Freund Pistol

252 Vgl. Scharff: Wann wird es richtig mittelalterlich? (2007), S. 76.
253 Siehe Abb. 4.

sitzt. Auch vor ihm stehen einige Teller mit übrigen Fleischresten, über die sich eine Katze hermacht.[254] Bardolph verscheucht das Tier, greift selbst mit den Händen zu und isst, während er mit Pistol spricht. Anschließend setzt er dazu an, aus dem Becher zu trinken, der noch dort steht. Dann entschließt er sich aber, den Inhalt auf den Boden zu schütten, vermutlich in Richtung der Katze.

Ähnlich wie in der vorherigen Thronsaalszene des Films ist dieser Abschnitt schwach ausgeleuchtet. Dadurch entsteht mit dem abgenutzt wirkenden Mobiliar und den schlafenden Trunkenbolden der Eindruck einer schummrigen Spelunke. Die Kostüme der Schauspieler sind schmutzig und abgetragen, ihr Haar fettig und ungewaschen. Wie in Shakespeares Werk beschrieben, wird Bardolph mit einem pockennarbigen Gesicht und einer stets entzündeten, roten Nase gezeigt. In deutlichem Kontrast zu dem Werk der 1940er Jahre ergibt sich hier ein negatives Bild der hygienischen Zustände des Mittelalters. Die fehlende Sauberkeit der eigenen Person oder der Räume scheint für die Handelnden keine große Rolle zu spielen. Bei Lebensmitteln bedient man sich mit den Fingern und zeigt keine Scheu, von einem Teller zu essen, an dem gerade noch ein Tier fraß.

Für *The King* (2019) wurden gewisse Elemente der Originalhandlung verändert, da die Figuren Bardolph, Pistol und Nym hier nicht auftreten, stattdessen aber ein deutlich jüngerer John Falstaff als Weggefährte und Berater Heinrichs fungiert. Der junge Prinz wird schlafend in seinem Bett in einer Herberge in London vorgefunden, wo er in diesem Film zum ersten Mal auftaucht. Von Falstaff und einem weiteren Freund begleitet verlässt er das Haus und kommt auf die Straße in Eastcheap heraus. Sie überqueren einen kleinen Markt, auf dem einige Waren verkauft werden und verschiedene Passant:innen vorbeikommen. Einer von ihnen führt eine Ziege an einer Leine mit sich. Im Vordergrund ist ein Metzger zu sehen, der auf einem Tisch Fleisch anbietet. Heinrich trifft am Ende des Weges auf einen Boten des Königshofes, der dort bereits auf ihn wartet. Der Mann hält sich ein besticktes Tuch vor die Nase.[255] Um nicht beobachtet zu werden, gehen die beiden zusammen in eine dunkle Seitengasse, in der sie über die Nachricht sprechen, die der Bote überbringen soll.

Diese Szene nutzt gezielte visuelle Eindrücke, um ein bestimmtes Bild einer spätmittelalterlichen Stadt zu erzeugen. Der Weg, auf dem Heinrich und seine Freunde entlanglaufen, ist nicht gepflastert, sondern scheint aus brauner, festgetretener Erde zu bestehen. Um sie herum sind Häuser zu sehen, die aus dunklen, abgenutzten Holzbrettern und -balken gebaut sind und deren Putz gräulich anläuft. Auch bei Tageslicht

254 Siehe Abb. 5.
255 Siehe Abb. 6.

ist hier nur ein grauer Himmel erkennbar, der die Szene in ein fahles Licht taucht. Die Stadtbewohner:innen, die im Hintergrund zu sehen sind, tragen schmutzige Kleidung, was besonders deutlich an den dreckigen hellen Schleiern und Kopfbedeckungen einiger Frauen zu bemerken ist. Der Bote, der sich auf der Straße angewidert ein Tuch vor die Nase hält, suggeriert durch dieses Verhalten, dass es so schlimm stinken muss, dass er es anders nicht aushielte.

Wenige Stereotype über das Mittelalter halten sich so hartnäckig wie die von Schmutz und mangelnder Hygiene, besonders dann, wenn von den größeren Städten die Rede ist. Selbstverständlich sind die Verhältnisse nicht mit denjenigen vergleichbar, die die Menschen des 21. Jahrhunderts gewohnt sind. Dem Mittelalter jedoch ein „schmutzigeres" Image als vorhergehenden oder nachfolgenden Jahrhunderten zu geben, bleibt ohne überzeugende Grundlage. Die Wissenschaft erforschte die mittelalterlichen Systeme zur Abfallentsorgung, Beseitigung von Unrat oder die umfangreiche Badehauskultur in den letzten Jahrzehnten hinreichend.[256] So sind für das spätmittelalterliche London beispielsweise Gesetzestexte überliefert, welche die Sauberhaltung der Stadt genauestens regelten:

> „Articles relating to public health prohibit polluting or obstructing the streets, require that rakers be available for cleaning, and prohibit the rearing of *„swine, oxen, or cows, within their houses"*. The articles also prohibit placing rubbish in the streets, including *„straw, dust, dung, sawdust or other refuse"*[…]."[257]

Die Mediävistin Barbara Rouse von der neuseeländischen Massey University zeichnet ein differenziertes Bild. Zwar wären die hygienischen Zustände der mittelalterlichen Großstadt nicht mit denjenigen der heutigen Zeit vergleichbar, die Forschung des vorherigen Jahrhunderts habe jedoch aus Einzelfällen ein viel zu negatives Gesamtbild interpretiert.[258] Diese Erkenntnisse wollen nicht recht in die populärkulturelle, retrodystopische Vorstellung der Epoche passen. So erschafft auch *The King* in dieser Szene ein klares Bild eines schmutzigen Ortes, an dem Dreck und Gestank vorherrschen, was die ärmeren Bevölkerungsteile jedoch dem Anschein nach als alltägliches Umfeld begreifen.

Der Vergleich zeigt besonders, dass sich diese Vorstellung der mittelalterlichen Lebensrealität im Film von 1944 noch überhaupt nicht finden lässt. Die ärmeren

256 Siehe: Kühnel: Alltag im Spätmittelalter (1986), Rouse: Environmental Management in Medieval London (2013), sowie: Havlíček / Pokorná / Zálešák: Waste Management and Attitudes towards Cleanliness in Medieval Central Europe (2017).

257 Rouse: Environmental Management in Medieval London (2013), S. 72.

258 Vgl. Rouse: Environmental Management in Medieval London (2013), S. 2.

Bevölkerungsschichten, hier verkörpert durch Nym, Bardolph und Pistol, die den komödiantischen Teil des Stücks liefern, sind zwar schlichter gekleidet, ihr Aussehen und ihre Umgebung wirken aber keinesfalls schmutzig. Im Werk der 1980er Jahre hat sich dies zusehends verändert. Das deutet erneut darauf hin, dass sich das Bild der Epoche zwischenzeitlich deutlich gewandelt haben muss. Diese Annahme bestätigt sich durch die Erkenntnisse Bodo von Borries', der mit dem Themenkomplex „Schmutz – Seuche – Tod“ schon in den 1990er Jahren eine ähnliche Tendenz bei der Ermittlung der Vorstellungen von Schüler:innen über das Mittelalter feststellte.[259] Während sich Branaghs *Henry V* eher auf die Gepflogenheiten einzelner Figuren konzentriert, zeigt *The King* das Abbild einer mittelalterlichen Stadt, in der Schmutz und Gestank zum gewöhnlichen Alltag gehören. Dies entspricht auffallend den eingangs zitierten Artikeln aus Regionalzeitungen, die in Bezug auf lokale Stadtgeschichte von in Fäkalien geradezu versinkenden Städten schreiben.[260] Noch ein Stück weiter ging der britische Sender *BBC*, der seine Dokumentationsreihe *Filthy Cities* mit einer Ausgabe über das mittelalterliche London beginnen ließ. In der Vorschau heißt es:

> „From rivers of animal guts to mountains of excrements, deadly diseases and bloody cures, medieval authorities had a dirty fight on their hands. I'm gonna get down and dirty in 14th century grime to find out the hard way, just how much filth medieval London had to put up with and discover how this clean and modern city began to emerge from the muck of the past."[261]

Das zeigt eindrücklich, wie diese Vorstellung mittelalterlicher Städte in unterschiedlichen medialen Darstellungen reproduziert wird. Sie ist damit fest im öffentlich etablierten Bild der Epoche verankert und findet sich dabei nicht nur in Filmen, sondern auch in Formaten mit Bildungsanspruch wieder. Als Grund angeklungen ist bereits die Tendenz, historische Quellen abseits ihres Entstehungskontextes zu interpretieren oder beschriebene Einzelfälle als Norm wahrzunehmen.[262] Andererseits jedoch vermittelt die mediale Auseinandersetzung mit dem Thema häufig den Eindruck, man wolle dem Publikum ein Gefühl von Ekel und Grusel über katastrophale Verhältnisse der Vergangenheit geben. Dies passt gut zu der in Zusammenhang mit der Entwicklung der Filmbranche postulierten These, dass Inhalte besonders dann gut ankommen, wenn sie einen reizvollen Kontrast zur Lebenswelt der Zuschauer:innenschaft bieten.

---

259 Vgl. von Borries: Das Mittelalter im Geschichtsbewusstsein (1999), S. 283.

260 Vgl. Wozelka: Stinkende Stadt im Mittelalter: Köln versank in Fäkalien. Online-Artikel des Express Köln vom 04.06.2016 auf: express.de, zuletzt aufgerufen am: 14.01.2023.

261 Teaser zur Ausgabe „Medieval London“ der BBC-Dokumentationsreihe „Filthy Cities“ vom 01.04.2011, einsehbar in der BBC-Mediathek auf: bbc.co.uk, zuletzt aufgerufen am: 14.01.2023.

262 Vgl. Rouse: Environmental Management in Medieval London (2013), S. 2.

Diese Funktion erfüllt im Film-Mittelalter oft die schmutzige Umgebung, fehlende Hygiene und ein generelles Desinteresse der dargestellten Menschen an einem gepflegten Erscheinungsbild. Thomas Scharff, der „Dreck“ neben „Gewalt“ als zweite zentrale Chiffre des modernen Mittelalterfilms beschrieb, kam in diesem Zusammenhang zu dem Schluss, dass das dreckige Mittelalter ein deutlich jüngerer Stereotyp sei, der sich erst in den 1960er Jahren zu entwickeln begann:

> „In den Sechzigern wurden die älteren „Hochglanzritter“ der Vor- und unmittelbaren Nachkriegszeit, die stets frisch gebadet und apart frisiert waren und durch reinliche Kulissen wandelten, von urtümlicheren Kollegen abgelöst, die ihre Kämpfe im Schlamm ausfochten. Und das gilt nicht nur für die Ritter, sondern für alle Beteiligten.“[263]

Eine solche Beobachtung deckt sich mit den Erkenntnissen aus dem Vergleich der oben betrachteten Szenen. Scharff führte als Erklärung für diese Veränderung eine „[…] neue Wahrnehmung des Mittelalters [an], die auch in der Forschung mit neuen Ansätzen der Sozial- und Wirtschaftsgeschichte dieser Zeit korrespondiert“[264]. Darüber hinaus erscheinen mit dem Blick auf andere Genres nicht nur ein Wandel des Geschichtsbildes, sondern auch neue Geschmäcker des Publikums als schlüssiger Hintergrund, denn mit dem vermehrten Aufkommen von Horror-, Science-Fiction- oder Superheldenfilmen ab den 1970er Jahren[265] verloren die strahlenden Ritter in glänzender Rüstung ihren Reiz, wandelten sich grundlegend in Gestalt und Setting (ein Beispiel wären die Jedi-Ritter aus der *Star Wars*-Trilogie) oder wurden parodiert. Bemerkenswert ist dabei der Film *Die Ritter der Kokosnuß* (Engl. *Monty Python and the Holy Grail*, 1975), der sich über das negative Mittelalterbild lustig machte, indem er dessen Merkmale ins Extreme überzeichnete. So kommt eine Figur beispielsweise zu dem Schluss, sie müsse einem König gegenüberstehen, da dieser nicht, wie sonst jeder, völlig mit Dreck beschmiert sei.[266]

263 Scharff: Wann wird es richtig mittelalterlich? (2007), S. 77.
264 Scharff: Wann wird es richtig mittelalterlich? (2007), S. 77.
265 Vgl. dazu ausführlicher: Faulstich: Filmgeschichte (2005), S. 235–239 u. S. 240–245.
266 Siehe: Gilliam / Jones: Monty Python and the Holy Grail (1975).

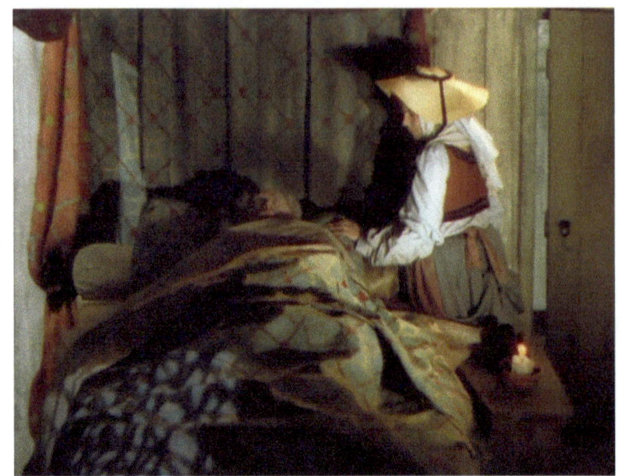

Abb. 4: Der im Sterben liegende Falstaff wird von der Wirtin versorgt, Szene aus dem Film *Henry V*. Laurence Olivier, Produktion: Großbritannien 1944.

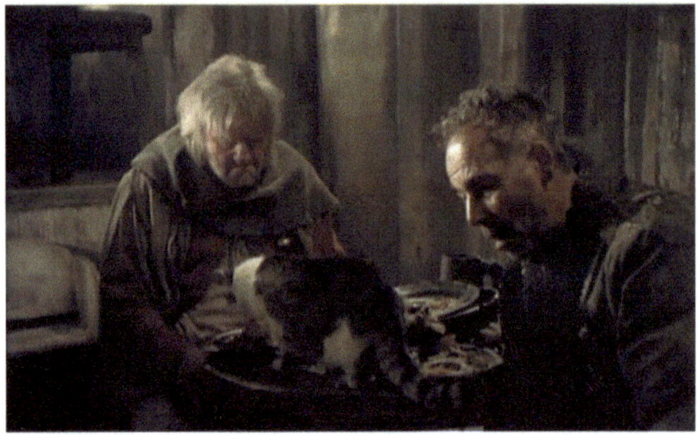

Abb. 5: Bardolph verscheucht eine Katze vom Tisch und isst die übrigen Reste, Szene aus dem Film *Henry V*. Kenneth Branagh, Produktion: Großbritannien 1989.

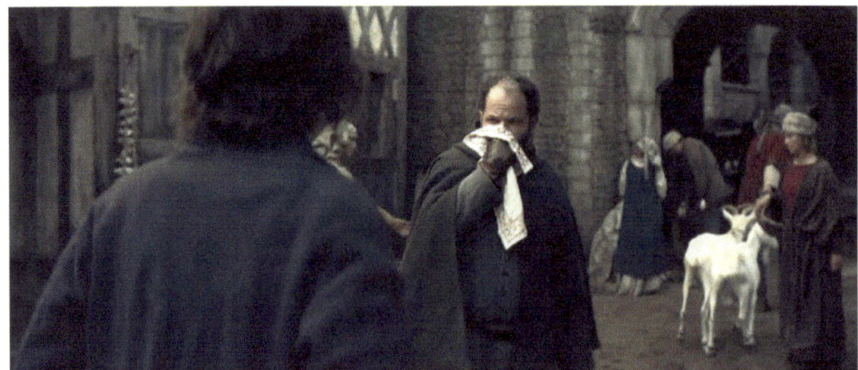

Abb. 6: Prinz Heinrich trifft in Eastcheap einen Vertreter des Hofes, Szene aus dem Film *The King*. David Michôd, Produktion: USA / Australien 2019.

4.4.3 Was trägt man im Mittelalter? Kleidung und Kostümbild

Auch das Kostümbild ist ein nicht zu unterschätzender Bestandteil der Filmproduktion. Nicht nur stehen ganze Sparten in den Bereichen Konzeptzeichnung, Design und Kostümbild dahinter, ebenso prägt die Gestalt der Kleidung die Wirkung einer Filmfigur entscheidend mit. Das Kostüm beeinflusst den Eindruck des Publikums, hilft Schauspieler:innen dabei, sich in eine Rolle zu versetzen und nimmt erzählerische Funktionen ein, indem es Inhalten symbolischen Ausdruck verleiht. Auch für das populäre Mittelalterbild ist die Vorstellung vom Aussehen der Menschen und der Kleidung, die sie trugen, durchaus entscheidend. Zur Betrachtung wurden zur Vergleichbarkeit Szenen ausgewählt, die alle eine Zusammenkunft von Adeligen beinhalten.

In *Henry V* (1944) beginnt die Szene mit einem Kameraschwenk über Southampton und einem Schiff, das dort am Hafen angelegt hat. Darauf befinden sich Heinrich mit seinem Gefolge nebst einem Bischof, der die Männer segnet. Die Stadt im Hintergrund wird als Kulisse auf einem grünen Hügel gezeigt, die Häuser mit weißen Wänden und blau gedeckten Dächern. Die Szene ist wie üblich hell ausgeleuchtet. Die Anwesenden sind alle in farbenfrohe Kleidung gehüllt, wobei die Stoffe der Adeligen reiche Verzierungen aufweisen. Heinrich trägt ein rotes Obergewand mit goldenen Stickereien, dazu eine goldene Kette und einen prunkvollen Gürtel. Seine adeligen Gefolgsleute sind ähnlich gekleidet. Sie tragen Schmuck, unterschiedliche, farbige Gewänder mit goldenen Knöpfen und Kopfbedeckungen, die mit Broschen und Federn versehen sind.[267] Der König verlässt nach dem Segen das Schiff und weist seinen Onkel, den Herzog von Exeter an, einem Mann gegenüber Gnade walten zu lassen, der am Abend zuvor den Herrscher beleidigt hatte. Exeter empfiehlt ihm zwar, nicht zu milde zu sein und die Strafe durchzusetzen, Heinrich aber besteht auf die Gnade. Er spricht zu seinen jubelnden Männern, die mit ihm nach Frankreich aufbrechen sollen. Heinrich besiegelt die Kriegserklärung mit dem berühmten Ausruf: „No king of England, if not king of France!" Seine Armee marschiert los und die Schiffe werden beladen.

Bei den Historienfilmen dieser Zeit handelt es sich üblicherweise um sogenannte Kostümfilme. Solche Produktionen verfolgen den Ansatz, dem Stil und der optischen Opulenz einer vergangenen Epoche in der Ausstattung möglichst nahe zu kommen.[268] Dass auch Oliviers Werk dazu zählen kann, wird schnell deutlich, da auf der Ausstattung ein besonderes Augenmerk liegt und die komplexen, detailreichen Kostüme

267 Siehe Abb. 7.

268 Vgl. Lexikon der Filmbegriffe der Universität Kiel, s.v. Kostümfilm, auf: filmlexikon.uni-kiel.de, zuletzt aufgerufen am: 14.01.2023.

heute eher an eine aufwendige Theaterproduktion oder einen Märchenfilm erinnern. Auffallend ist die bunte Farbpalette der Stoffe, die goldenen Verzierungen am Gewand des Königs und die schmuckvollen Kopfbedeckungen. Das Kostümbild des Films scheint dabei deutlich von frühen kostümkundlichen Handbüchern und den historistischen Illustrationen und Bildbänden des späten 19. und frühen 20. Jahrhunderts inspiriert zu sein. Werke wie *Le costume historique*[269] von 1888 sollten eine Übersicht der Kleidung vorhergehender historischer Epochen präsentieren. Zwar sind diese Bildbände für die moderne Kleidungsforschung überholt, dennoch geben sie in ihren Grundzügen einen Eindruck der jeweilig prägenden Kleidungsstile. So tragen Heinrich und seine Adeligen etwa die sogenannte Houppelande, ein weites, in Falten gelegtes und mit ausladenden Ärmeln versehenes Kleidungsstück des frühen 15. Jahrhunderts nebst dem Chaperon, einer Hutform der Zeit.[270] Diese Kostümelemente vermitteln in ihrer Funktion als festliche Modebekleidung den Eindruck einer Gesellschaft, die stark auf ihr äußeres Erscheinungsbild und dessen repräsentativer Wirkung bedacht ist.

Im Film *Henry V* (1989) haben sich Heinrichs Gefolgsmänner in seinem Thronsaal am englischen Hof versammelt. Sie tragen Kleidung in Grau-, Braun- und dunklen Rottönen, einige von ihnen dazu goldene Ketten.[271] In der Mitte des Raumes steht ein Thron. Es ist dunkel, nur von einigen Kerzen im Hintergrund wird Licht gespendet. Der König trägt ein blaugraues Gewand mit verzierten Schließen, einen goldenen Gürtel und eine ockerfarbene Hose. Er spricht zu seinen Getreuen, während neben ihm die beiden Bischöfe Ely und Canterbury stehen, welche Ketten mit goldenen Kreuzen auf den Schultern tragen. Der Adel und der Klerus versichern ihm ihre Treue und den Willen zum Krieg mit Frankreich. Die Bischöfe versprechen, eine große Geldsumme für das Vorhaben aufzubringen. Anschließend wird der Abgesandte des Dauphins hereingerufen. Dieser trägt ein blaues Kleidungsstück, das mit dem französischen Symbol, den drei goldenen Lilien verziert ist, dazu eine schwarze Kopfbedeckung, Handschuhe und hohe Stiefel. Er betont die Ablehnung seines Herrn gegenüber Heinrichs Ansprüchen auf französische Herzogtümer und präsentiert dem jungen König eine Schatulle mit einem Geschenk. Der Herzog von Exeter öffnet den Behälter und zeigt den provozierenden Inhalt: Tennisbälle, die auf Heinrichs turbulente Jugend anspielen sollen. Heinrich reagiert zunächst mit gespielter Dankbarkeit, die dann jedoch in eine Kriegserklärung umschlägt.

---

269 Siehe: Racinet: Le costume historique (1888).

270 Vgl. Benton: Materials, Methods, and Masterpieces of Medieval Art (2009), S. 226.

271 Siehe Abb. 8.

Die Kostüme in Branaghs Film sind weniger darum bemüht, die tatsächliche Kleidung des frühen 15. Jahrhunderts abzubilden, denn in ihrer Gestalt sind sie weitgehend fiktiv. Nur einzelne Elemente wie Ketten und Gürtel scheinen grob an historischen Vorlagen orientiert zu sein. Umso stärker erfolgt eine Reduktion auf einige wesentliche Symbole, die auf Herkunft, Funktion und Stand der Figuren verweisen. So sticht der auftretende Bote mit den heraldischen goldenen Lilien[272] sofort als Franzose heraus. Heinrichs goldener Schmuck und später der Waffenrock mit dem Wappen seiner Dynastie weisen ihn gegenüber den übrigen Figuren als König aus.[273] Die Vertreter der Geistlichkeit tragen in ihrer Rolle das katholische Kruzifix, treten ansonsten aber im Sinne christlicher Demut schlicht in Erscheinung. Umso dominanter inszeniert die Szene ihre Position als Beratende und Einflussnehmende, die den König vom Krieg überzeugen wollen. Unterschwellig tritt das Motiv geistlichen Machstrebens oder gar Raffgier zu Tage[274], wodurch das fromme Gewand wie eine Farce wirkt. Auch die Kostüme der adeligen Herren fallen nur vereinzelt durch dezenten Schmuck auf und treten gegenüber ihrem König in den Hintergrund. Wo sich in der Version der 1940er Jahre noch ein reiches Farbenspiel mit starken Kontrasten entfaltete, heben sich die Kleidungsstücke der Protagonisten in dieser Szene kaum noch vom dunklen Hintergrund ab.

Die gewählte Szene aus *The King* (2019) setzt ein, nachdem Heinrich einen Gefangenen befragt hat, der offenbar als Attentäter von Karl VI. von Frankreich auf ihn angesetzt wurde. Nun versammeln sich seine adeligen Gefolgsleute in seinen Gemächern, um über die Situation zu beraten. Die Szene ist in Dunkelheit gehüllt, nur einige Kerzen und ein Kaminfeuer im Hintergrund erhellen den Raum, obgleich durch ein Fenster erkennbar ist, dass es draußen taghell ist. Die Edelmänner sind ausnahmslos in schlichte, schwarze oder graue Kleidungsstücke gehüllt, Schmuck, Verzierungen oder auffallende Farben sind nicht erkennbar. Heinrich, der auf seinem Stuhl vor dem Kamin sitzt, trägt ein schwarzes Gewand mit Aufschlägen, die mit einer Art weißem Pelzbesatz versehen sind.[275] Er erklärt seinen Gefolgsmännern, keine Konfrontation mit Frankreich zu wollen. Einer von ihnen, William Gascoigne, rät ihm jedoch dringend zum Krieg, da man auf das gescheiterte Attentat reagieren müsse und ansonsten Schwäche zeigen würde. Dies scheint bei dem jungen König Unbehagen hervorzurufen, bringt ihn jedoch zum Nachdenken.

272 Vgl. Lexikon des Mittelalters 5 (1999), s.v. Lilie, Heraldik, Sp. 1984.
273 Vgl. Lexikon des Mittelalters 8 (1999), s.v. Wappen, Sp. 2031.
274 Vgl. Burke: Helden, Schurken und Narren (1981), S. 169.
275 Siehe Abb. 9.

Im *Netflix*-Film spielt das klassische Kostümbild scheinbar keine tragende Rolle mehr. Die in der betrachteten Szene gezeigten Kleidungsstücke sind keinem historischen Vorbild zuzuordnen. Sie erinnern nicht mehr an die auffallenden Houppelanden oder engen Wämser der Epoche, sondern sind eher Abwandlungen grober Tuniken und Mäntel. Lediglich der Besatz an der Jacke des Protagonisten Heinrich, der vielleicht an einen Hermelinpelz erinnern soll, verweist auf die königliche Herkunft[276]. Tatsächlich sind ansonsten, bis auf die Krönungsszene, nur wenige Zeichen erkennbar, die auf adelige, klerikale oder königliche Würdenträger schließen lassen. Vielmehr fügen sich die Kleider nahtlos in das visuelle Grundkonzept des Films ein, welches über die Lichtstimmung, Farbeindrücke und das Bühnenbild eine zumeist bedrückende Stimmung vermittelt. Deshalb werden die Figuren über ihre Kostüme nicht gesondert herausgestellt oder mit auffallenden Symbolen ausgestattet. Es dominiert hingegen der Eindruck einer Zusammenkunft Gleichgesinnter in Verschwiegenheit, die im Dunkeln über die Vorkommnisse bei Hofe beraten.

Die Bedeutung der Kleidung und Accessoires ist im Kontext der Filme nicht nur im Hinblick auf die Kostüme zu betrachten, sondern stellt einen wesentlichen Faktor für die äußere gesellschaftliche Wahrnehmung von Menschen dar. Wie eine zweite Haut wandelt sie unseren biologischen Körper in eine sozial konnotierte Erscheinung.[277] So ist die Kleidung als gesellschaftlicher Bedeutungsträger ein wesentlicher Bestandteil menschlichen Zusammenlebens. Kleider erfüllen vielschichtige Funktionen, die über den rein praktikablen Sinn hinausgehen, den Körper zu bedecken, vor der Umwelt zu schützen oder zu wärmen. Der durch die Kleidung definierte optische Eindruck vermittelt eine Fülle an Informationen an die Betrachtenden, die beispielsweise von kulturellen, gesellschaftlichen, religiösen, politischen und persönlichen Positionen beeinflusst und bestimmt werden. Somit wird die Verhüllung des menschlichen Körpers ein „normierende[s] und ästhetische[s] Ausdrucksmittel“[278]. Deshalb prägt das Kostüm den Eindruck von einer Filmfigur und der Welt, in der diese Figur lebt. Es charakterisiert etwa eine Person als eitel, arm, herrschaftlich oder verstohlen.

Für den mittelalterlichen Menschen schließlich war Kleidung das wesentliche Merkmal, um den eigenen Stand nach außen hin sichtbar zu repräsentieren und so von der eigenen Umgebung entsprechende Akzeptanz zu finden. In einer Gesellschaft, in welcher der soziale Rang von eigenem Wohlstand und der Fremdeinschätzung der Mitmenschen maßgeblich beeinflusst ist, steht die Kleidung als Zeichen und Mittel eben

276 Vgl. Newton: Fashion in the Age of the Black Prince (1980), S. 21.
277 Vgl. Holenstein u.a.: Vorwort. In: Zweite Haut (2010), S. 11.
278 Holenstein u.a.: Vorwort. In: Zweite Haut (2010), S. 7.

jener Darstellung der eigenen Position an erster Stelle.[279] Es ist daher wenig verwunderlich, dass kräftige Farben, komplexe, auffallende Kleidungsstücke und teurer Schmuck für den spätmittelalterlichen Adel eine alltägliche Angelegenheit waren. Dies zeigt sich nicht nur an der Aufmerksamkeit, die zeitgenössische schriftliche und bildliche Darstellungen dem Aspekt der Luxusmode schenken, sondern auch anhand von Rechnungen, Testamenten oder Aussteuerlisten[280]. Während *Henry V* von 1944, dem Prinzip der aufwendigen Kostümfilme folgend, diesen Aspekt gezielt umzusetzen versucht, sehen die beiden jüngeren Werke bewusst davon ab. Besonders in *The King* entschied man sich offenbar trotz der durch die Set-Designerin betonten Recherche und Detailtreue[281] für eine schlichte Art der Darstellung, die weitgehend gedeckte Farben aufweist. Ein Grund liegt hier in der Charakterisierung Heinrichs, der im Film eher als bescheidener Herrscher auftritt, der keinen Krieg wünscht, während er noch in Branaghs Werk deutlich temperamentvoller und auch in seinem Kostüm auffallender konzipiert ist. Auffallend ist insgesamt eine klare Tendenz zur zunehmenden Schlichtheit, was die Formen- und Farbvielfalt der Kleidung betrifft, welche zudem über die Jahrzehnte hinweg immer uniformer erscheint. So ist etwa an die Stelle der spätmittelalterlichen Herrenmode ein stets gleichförmiges, grob an eine Tunika erinnerndes Kleidungsstück getreten, das fast alle männlichen Figuren in verschiedenen Nuancen von Braun- und Grautöten tragen. Dabei gilt es sich eigentlich von der Vorstellung zu verabschieden, es gäbe *die* Kleidung des Mittelalters:

> „Vielmehr ist mit Blick auf die Gesamtepoche von einer stetigen Abfolge unterschiedlicher Moden auszugehen, die teils nur im Detail variierten, teils radikal mit den traditionellen Schnitten und Techniken der Textilherstellung brachen. Das Phänomen der Mode präsentiert sich als unübersichtliche Vielfalt von Formen und Ideen."[282]

Damit zeigt sich darüber hinaus, dass der Aspekt der Visualisierung historischer Sachkultur in Mittelalterfilmen an Bedeutung verloren und eine Komplexitätsreduktion erfahren hat. Da Kostüme, Bühnenbilder und Requisiten verstärkt einen erzählerischen Symbolcharakter für die Handlung einnehmen, tritt die Frage der Vorlagentreue stärker in den Hintergrund. Der Vergleich zeigt einen deutlichen Gegensatz zwischen einem idealisierten, herrschaftlichen, gar glamourösen Ritterideal der Nachkriegszeit

279 Vgl. Kühnel: Normen und Sanktionen (2006), S. 46–48.

280 Siehe: Monnas: Reading English Royal Inventories. Furnishings and Clothing in the Inventory of King Henry V (r. 1413-1422) (2017).

281 Vgl. 'The King' Production Designer Fiona Crombie on How She Created 15th Century England, Online-Artikel der Zeitschrift Variety vom 07.11.2019, auf: variety.com, zuletzt aufgerufen am: 14.01.2023.

282 Keupp: Mode im Mittelalter (2016), S. 77.

und einer rauen, dunklen und farblosen Ästhetik der modernen Filmwelt.[283] Sicherlich dürften zu diesem Wandel des Kostümbildes auch Veränderungen der gängigen Schönheitsideale und der Erwartungen an die Männlichkeit eines Helden beigetragen haben, zu denen goldener Schmuck, bunte Stoffe oder schmale Taillen nicht mehr zu passen scheinen.[284]

283 Vgl. Röckelein: Mittelalter-Projektionen (2007), S. 52f.

284 Die Frage der Geschlechterbilder und -stereotype im Kontext des Kostümbildes ist ein naheliegender eigener Ansatz, dessen Vertiefung an anderer Stelle Potential böte.

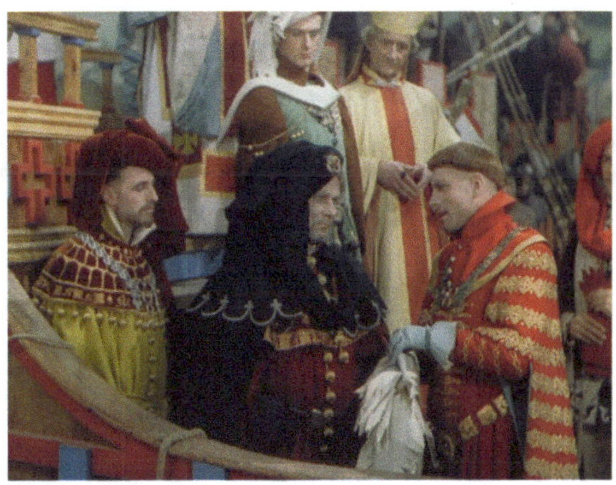

Abb. 7: Heinrich spricht bei den Kriegsvorbereitungen am Hafen mit seinen Gefolgsmännern, Szene aus dem Film *Henry V*. Laurence Olivier, Produktion: Großbritannien 1944.

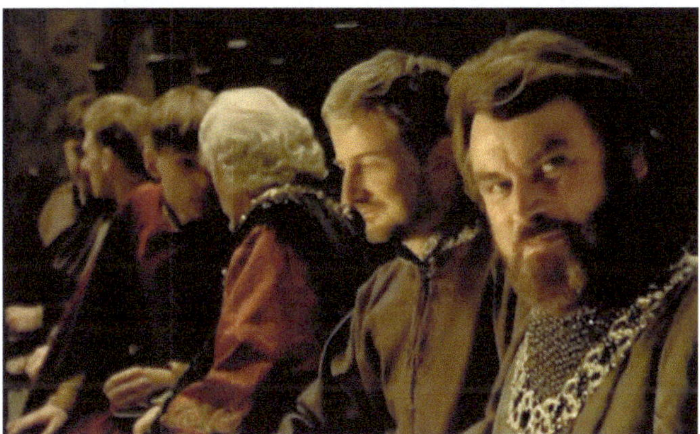

Abb. 8: Die Adeligen des englischen Hofes setzen sich im Thronsaal, Szene aus dem Film *Henry V*. Kenneth Branagh, Produktion: Großbritannien 1989.

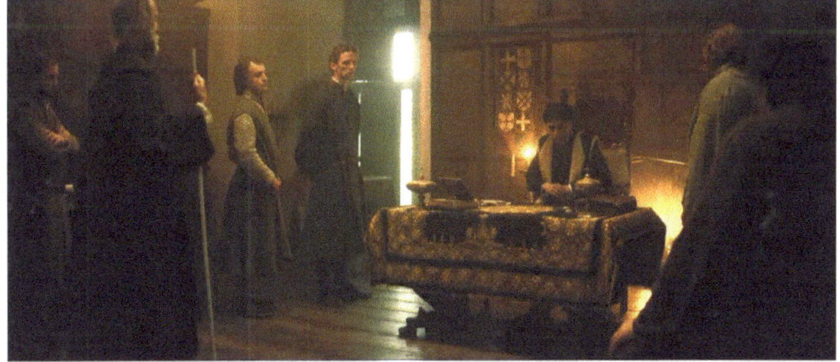

Abb. 9: Heinrichs Getreue versammeln sich in dessen Gemächern, Szene aus dem Film *The King*. David Michôd, Produktion: USA / Australien 2019.

4.4.4 Wie kämpft man im Mittelalter? Krieg und Gewalt

Nun stehen die Kampfhandlungen im Fokus, die in den Verfilmungen als erzählerischer Höhepunkt in Form der Schlacht von Agincourt stattfinden. Die ausgewählten Szenen zeigen den Angriff der französischen Ritter auf die englische Stellung, unterscheiden sich aber vor allem in der visuellen Inszenierung und der Dramaturgie.

In Oliviers *Henry V* (1944) ist ein blauer, leicht bewölkter Himmel über den grünen Hügeln und Feldern Agincourts zu sehen. Der englische König beobachtet das Geschehen, als die französische Armee unter erschallenden Trommeln aufmarschiert. Die gegnerischen Ritter galoppieren los und bewegen sich auf die englische Position zu. Ihre bunten Banner wehen im Wind, die Rüstungen glänzen.[285] Die Bogenschützen der englischen Seite haben sich hinter angespitzten Holzpfählen verschanzt. Auf Heinrichs Befehl hin schießen sie auf den anstürmenden Feind. Nun treffen die Ritter beider Seiten aufeinander und geraten in einen Nahkampf, der auf dem schlammigen Untergrund stattfindet. Auch zwischen den Fußsoldaten der beiden Seiten startet nun das Gefecht.

Die Schlacht ist hier, den zeitgenössischen Konventionen geschuldet, nicht primär durch explizite Brutalität gekennzeichnet. Auf Blut oder grafische Gewalt wird fast gänzlich verzichtet. Die Lust an Spektakel und spannungsgeladenen Stoffen, die Gewalt und Zerstörung beinhalten, sahen sich nämlich gerade in den frühen Jahrzehnten des Kinos wegen psychologischer Bedenken immer wieder Kritik ausgesetzt.[286] Trotz der großen Anzahl an Statist:innen wirken die auftretenden Armeen relativ geordnet. Das Hauptaugenmerk liegt auf farbenprächtigen Großaufnahmen, die den Verlauf der Schlacht und die Dimensionen der Truppen zeigen. In der Vogelperspektive entfaltet sich ein regelrechtes Gewimmel. An diesem Punkt präsentiert sich das Werk besonders eindrücklich als Monumentalfilm, der durch Massenszenen mit Tausenden von Kompars:innen charakterisiert ist, ein hohes Budget erfordert und sich besonders gut zur politischen Instrumentalisierung eignet.[287] In der Funktion als Kostümfilm wiederum „ermöglicht das *Technicolor*-Verfahren […] einen exzessiven Farbeinsatz, der die dreidimensionale Wirkung des Films unterstützt und sowohl Bedeutung stiftet wie Emotionalität fördert“[288]. Erst beim Aufeinandertreffen der Soldaten auf dem nassen, erdigen Untergrund nähert sich die Kamera dem Geschehen. Die Inszenierung der

285 Siehe Abb. 10.

286 Vgl. Kiening: Mittelalter im Film (2006), S. 5f.

287 Vgl. Lexikon der Filmbegriffe der Universität Kiel, s.v. Monumentalfilm, auf: filmlexikon.uni-kiel.de, zuletzt aufgerufen am: 14.01.2023.

288 Kiening: Mittelalter im Film (2006), S. 5.

Schlacht findet als nationalpatriotischer Höhenpunkt von Heinrichs Rolle als heldenhafter Anführer statt. Er führt seine Armee und damit England persönlich zum glorreichen Sieg.

Auch Branaghs Fassung von 1989 beginnt mit dem Ansturm der französischen Ritter auf die Stellung der Engländer. Der Himmel ist grau verhangen und es hat offensichtlich gerade erst geregnet. Heinrich beobachtet das Geschehen und gibt einen lauten Schlachtruf von sich, in den seine Männer einstimmen. Mit diesem Signal schießen seine Bogenschützen, wobei sie viele feindliche Soldaten niederstrecken. Schließlich treffen die englische und die französische Kavallerie in einem unübersichtlichen Zweikampf aufeinander, während auf dem schlammigen, nassen Erdboden auch das Gefecht zwischen den Fußsoldaten entbrennt. Immer wieder schießen die Langbogenschützen auf die feindlichen Truppen. Im Getümmel sind mitunter Nym und Pistol zu sehen, die Gefallene nach wertvollen Dingen absuchen, also Leichenfledderei betreiben.[289] Im feuchten Schlamm ringen Soldaten um ihr Leben. Es beginnt erneut zu regnen.

Diese Szene verfolgt deutlich den formulierten Wunsch Branaghs, eine Geschichte zu erzählen, die er als realitätsnah empfand. Deutlich stärker als der Film der 1940er Jahre sind die Gräuel des Krieges und der damit verbundene Überlebenskampf dargestellt. Die Szene trägt eine negativere Grundstimmung, Blut ist deutlich zu sehen und die tragische Seite des Geschehens tritt stärker hervor. In dem Bestreben, das Ereignis nicht zu glorifizieren, ließ man den repräsentativen Aspekt der Kriegsführung außen vor. Die vielen Banner und Schilde mit den unterschiedlichen Wappen der englischen und französischen Adelshäuser, die in Oliviers Werk das Bild dominierten, fehlen. Die Schlacht erlebt das Publikum aus der Perspektive Heinrichs und jener der Fußsoldaten am Boden, wie etwa Nym und Pistol. Der König trägt bewusst keinen Helm, damit sein Gesicht in der Menge gut zu erkennen ist. Er greift persönlich in den Kampf ein und stellt sich dem Feind zu Pferd und zu Fuß entschlossen gegenüber. Sichtbar liegt der Fokus in diesem Beispiel nicht auf der Darstellung einer namenlosen Masse, sondern auf einzelnen Akteuren und ihrem Überlebenskampf. Der Schrecken des Krieges wird über Gesichter und individuelle Schicksale erzählt, womit der Film Charakteristika des modernen Kriegsfilms annimmt. Dieser stellt den Krieg an sich als böse dar, rechtfertigt aber die Taten der einzelnen Soldat:innen, die keine Wahl haben, als in das Geschehen hineingezogen zu werden. Plünderungen und Leichenfledderei gehören zur gezeigten Realität. Die Extremsituation bietet daher aber auch die

289 Siehe Abb. 11.

Möglichkeit, Tugenden wie Loyalität, Kameradschaft und Ritterlichkeit hervorzuheben.[290] Heinrich selbst tritt unerschrocken und todesmutig an der Seite seiner Männer als Anführer auf, ohne im Kampfgetümmel unterzugehen.

Die Schlacht von Agincourt beginnt in *The King* (2019) mit den Männern Falstaffs, die sich zu Fuß aufstellen und den Angriff erwarten. Die französische Reiterei macht sich zum Ansturm bereit und galoppiert mit erhobenen Schwertern auf die feindliche Linie zu. Englische Bogenschützen strecken einige der Ritter nieder, die meisten von ihnen erreichen jedoch den Feind. Die englische Truppe hält ihnen ihre Waffen entgegen, wird aber von den anstürmenden Pferden durchbrochen. Heinrich steht, leichter gerüstet, mit einem Teil der Armee versteckt im nahegelegenen Wald und beobachtet die Situation. Schnell entsteht ein unüberschaubares Getümmel. Ritter fallen von Pferden, Männer schlagen um sich und ringen miteinander. Viele von ihnen wälzen sich im nassen Schlamm. Falstaff, der sich mitten im Gefecht befindet, scheint von dem Chaos einen Moment lang überwältigt zu sein und ergreift seinen Helm, als würde er sich die Ohren zuhalten. Dann kämpft er unerschrocken weiter. Kurz darauf, als noch mehr französische Ritter anstürmen, greift auch Heinrich mit seinen Soldaten in den Kampf ein.

Die Szene betont in besonderem Maße die Brutalität des gezeigten Kampfes. Als die beiden Armeen aufeinanderprallen, entsteht schnell ein wildes Getümmel, das sich in den Morast am feuchten Boden verlagert. In kürzester Zeit sind die Beteiligten von Kopf bis Fuß mit Schlamm bedeckt. Schreie, Waffenklirren und ein chaotisches Durcheinander an gerüsteten Männern dominieren das Bild. Ritter und Pferde fallen zu Boden, die Kämpfer ringen miteinander und erstechen einander schonungslos. Als die Vogelperspektive das Geschehen zeigt, wirkt es, als würde Falstaff in dem Gemenge regelrecht zu ersticken drohen.[291] Hier findet die Vermischung der oben genannten Stereotypen aus „Ritter und Kampf“ beziehungsweise „Schmutz und Tod“ am deutlichsten statt.[292] Bereits *Braveheart* von 1995 inspirierte unter diesem Gesichtspunkt durch die Darstellung archaisch-grausamer Gewalt und schlammdurchzogenen Schauplätzen viele populäre Nachfolger.[293] Der finale Kampf ist dabei nicht nur ein klassisches Element des Heldenepos. Er bedient gleichzeitig auch die Vorstellung von Gewalt als allgegenwärtige Komponente, die fest zu den verbreiteten Erwartungshaltungen an eine Mittelalter-Erzählung gehört. Die Kameraführung, Schnitt,

290 Vgl. Lexikon der Filmbegriffe der Universität Kiel, s.v. Kriegsfilm, auf: filmlexikon.uni-kiel.de, zuletzt aufgerufen am: 14.01.2023.

291 Siehe Abb. 12.

292 Vgl. von Borries: Das Mittelalter im Geschichtsbewusstsein (1999), S. 283.

293 Vgl. Sommer: Geschichtsbilder und Spielfilme (2010), S. 50f.

Stunt-Technik und Vertonung sollen das Gefühl suggerieren, das Geschehen unmittelbar mitzuerleben. Dabei bemerkt Thomas Scharff, dass Gewaltdarstellungen in Schlachten immer dort besonders realistisch ausfallen, wo der Krieg den Zuschauer:innen in der eigenen Lebenswelt fremd erscheint. Gleichzeitig tragen gerade der Realismus und die Brutalität der Kriegsdarstellungen Rechnung dafür, dass das Gezeigte als besonders „authentisch“ wahrgenommen wird.[294] Diese Erkenntnis ist erkennbar deckungsgleich mit den vorherigen Thesen in Bezug auf das Interesse des Publikums für Inhalte, die Kontraste zur jeweiligen Gegenwart liefern. Die Partizipation der Protagonisten Heinrich und Falstaff an der Brutalität des Geschehens wird auch durch die Tatsache legitimiert, dass ihnen keine Schuld zugesprochen wird. Der Krieg als Naturgewalt, die ohne individuelles Verschulden über die Menschen kommt, ist ein Motiv des Kriegsfilms, das in *The King* zum Tragen kommt, da Heinrich sich in dieser Version nicht frei zum Krieg entscheidet, sondern sich durch äußere Umstände dazu gezwungen sieht.[295]

Für die Ausstattung bestätigen sich die vorangegangenen Betrachtungen der Kostüme und Räume: Die des ältesten Werks sind in aller Regel näher an den historischen Vorlagen orientiert als dies in den beiden moderneren Produktionen der Fall ist. *Henry V* von 1944 bleibt zwar in der Waffen- und Kostümkunde des 19. und frühen 20. Jahrhunderts verhaftet, liefert insgesamt aber dennoch ein geschichtsnäheres Bild. Die Rüstung, die Laurence Olivier als Heinrich V. trägt, ähnelt etwa denjenigen der Ritter auf englischen Grabplatten des frühen 15. Jahrhunderts – eine der wichtigsten Quellengattungen für diesen Themenkomplex.[296] Die repräsentative, reiche Farbigkeit äußert sich in den bunten Fahnen der galoppierenden Reiter und den verzierten Waffenröcken. Der Film der 1980er Jahre zeigt weitgehend Rüstungen, die der Fantasie entspringen oder nur grob an historische Vorlagen angelehnt sind. Die Farbigkeit ist deutlich reduziert, Heinrichs rot-blauer Waffenrock mit dem Wappen seiner Dynastie lässt ihn jedoch aus dem Gemenge herausstechen. *The King* schließlich vermischt Inspirationen aus unterschiedlichen Zeiträumen miteinander, die vor, während und nach der Zeit von Agincourt zu verorten sind. Sowohl Branaghs als auch Michôds Schlachtszenen legen Wert darauf, die Gesichter ihrer Hauptfiguren nicht die ganze Zeit über durch Helme zu verdecken, sodass Heinrich 1989 gänzlich barhäuptig kämpft. 2019 trägt er bewusst keine Rüstung, da er mit Soldaten im nahegelegenen Wald auf die Gelegenheit für einen Hinterhalt wartet. Seinem Kommandanten Falstaff wird der Helm im Kampf zerdellt, sodass er gezwungen ist, ihn abzulegen. Dies verdeutlicht

294 Vgl. Scharff: Wann wird es richtig mittelalterlich? (2007), S. 75f.

295 Vgl. Lexikon der Filmbegriffe der Universität Kiel, s.v. Kriegsfilm, auf: filmlexikon.uni-kiel.de, zuletzt aufgerufen am: 14.01.2023.

296 Siehe: Capwell: Armour of the English Knight. 1400-1450 (2015).

den Fokus der moderneren Filme auf individuelle Figuren und die Präsenz der Hauptbesetzung.

Die Kampfszenen des ersten Films müssen besonders vor dem Hintergrund des Zweiten Weltkrieges verstanden werden, in dem das Genre des Kriegsfilmes gegenüber dem reinen Historienfilm in den Vordergrund trat, da die Filmschaffenden auf die zeitgenössischen Bedingungen reagierten.[297] Die Schlacht von Agincourt wird als großer und ehrenhafter Sieg einer britischen Nation inszeniert. Auch Motive wie die Frage nach den Eigenschaften eines guten Herrschers und die Sehnsucht nach dauerhaftem Frieden können nicht ohne den Kontext der Kriegserfahrungen dieser Zeit gelesen werden.[298] Gerade das Motiv des Zweikampfes erscheint aus heutiger Perspektive nahezu archaisch. Dabei wird er mit einer vergangenen Adelskultur verbunden, die soziale Konflikte über Gewalt regulierte. Die Wettbewerbe in der modernen Gesellschaft, etwa um Politik und Wirtschaft, so das Bild, wurden im Mittelalter ausschließlich über den kriegerischen Weg ausgeführt.[299] Während Heinrich den französischen Connétable in der Fassung von 1944 im ebenbürtigen Zweikampf besiegt und die Konfrontation in Branaghs Version entfällt, lässt der König seinen Widersacher in Form des Dauphins in *The King* von seinen Soldaten töten, als dieser bereits wehrlos und gedemütigt im Matsch am Boden liegt. Beide Seiten, der ritterliche Kampf und die brutale Gewalt, die mit dem Mittelalter assoziiert werden, sind untrennbar miteinander verknüpft. So konstatierte Röckelein folgerichtig:

> „Das Film-Mittelalter ist eine Epoche der Extreme: Des extremen Idealismus in Gestalt des Rittertums, extremer Brutalität im Krieg, im bäuerlichen Leben und in herrschaftlicher Unterdrückung, extremer Rigidität bei der Verfolgung von Andersdenkenden. Das Kino-Mittelalter repräsentiert häufig die ‚wilden', unzivilisierten Aspekte der menschlichen Existenz.“[300]

Gleichzeitig bildet die finale Schlacht in der Regel auch den Höhepunkt der Filmhandlung, in der Aufwand und Opulenz der Inszenierung und Ausstattung in besonderem Maße zum Tragen kommen. Dieser dramaturgische Zenit ist für Oliviers Film glänzend und glorreich, in den jüngeren Versionen blutig, schmutzig und dramatisch. Die Deutung als heldenhafter Sieg eines großen Herrschers haben sie jedoch alle miteinander gemein.

---

297 Vgl. Kiening: Mittelalter im Film (2006), S. 24.
298 Vgl. Kiening: Mittelalter im Film (2006), S. 55.
299 Vgl. Friedrich: Die ‚symbolische Ordnung‘ des Zweikampfs im Mittelalter (2005), S. 123.
300 Röckelein: Mittelalter-Projektionen (2007), S. 52.

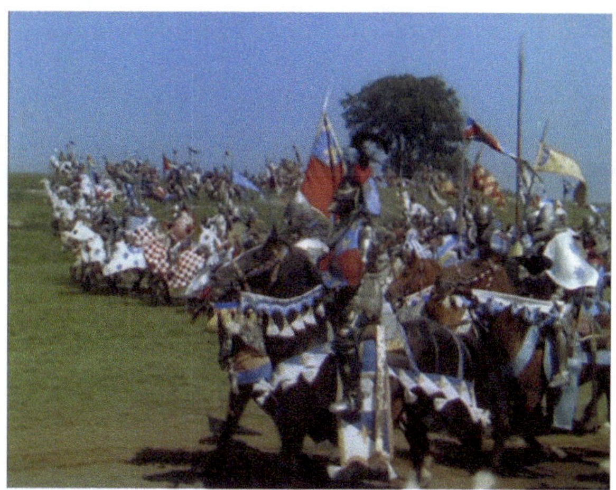

Abb. 10: Die französischen Ritter greifen an, Szene aus dem Film *Henry V*. Laurence Olivier, Produktion: Großbritannien 1944.

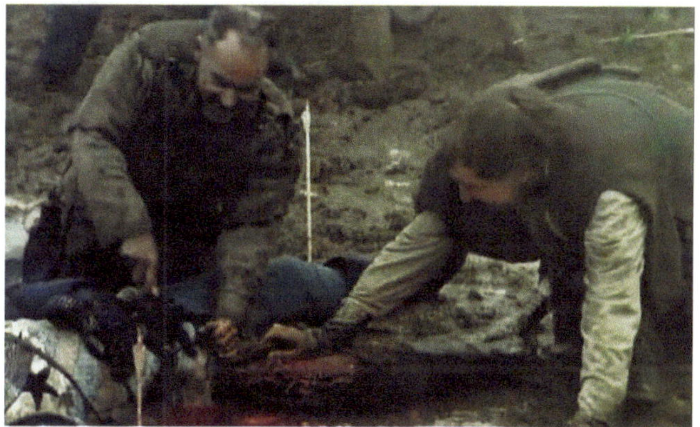

Abb. 11: Während der Schlacht in Regen und Schlamm fleddern Pistol und Nym Leichen, Szene aus dem Film *Henry V*. Kenneth Branagh, Produktion: Großbritannien 1989.

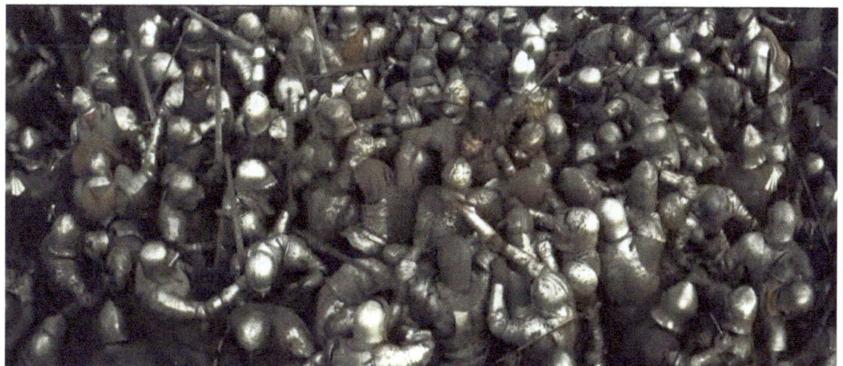

Abb. 12: Die Vogelperspektive zeigt das erdrückende Ringen im Schlamm, Szene aus dem Film *The King*. David Michôd, Produktion: USA / Australien 2019.

4.4.5 Wie (über-)lebt es sich im Mittelalter? Armut und Reichtum

Der Themenkomplex von Armut und Reichtum wird in den Verfilmungen des Shakespeare-Dramas nicht direkt ausgehandelt. Ausnahmsweise ist es deshalb sinnvoll, diesen Bereich nicht anhand einzelner Szenen, sondern hervorgehobener Aspekte in den bereits betrachteten Ausschnitten gebündelt in den Blick zu nehmen. Das Verhältnis von Armut und Reichtum findet sich in zahlreichen tradierten Erzählungen. Beide Begriffe bilden dabei ein Gegensatzpaar und sind eng mit ihren jeweiligen Trägerschichten verknüpft.[301] Die Dynamik reicher Adeliger und armer bäuerliche Figuren, stellvertretend für die Ständegesellschaft als Ganzes, wird in der modernen Rezeption meist aus dem Blickwinkel einer vorhandenen Ungerechtigkeit wahrgenommen. Sie steht symbolhaft für den Herrschenden und den Untertanen oder den Befehlenden und den Gehorchenden.[302] Während die großen finanziellen und sozialen Unterschiede zwischen den Ständen für Shakespeare selbst noch eine unfragliche Realität gewesen sein mögen, werden sie mit den veränderten Werthaltungen des modernen Publikums in Bezug auf Demokratie und soziale Fairness zunehmend kritisch gesehen, wie sich anschaulich zeigen wird.

Durch die optische Gestaltung ist in den Verfilmungen des Shakespeare-Dramas meist auf den ersten Blick klar, ob die gezeigte Figur arm oder reich ist. Besonders in der Fassung der 1940er Jahre entsteht ein starker Kontrast zwischen den bunten, verzierten Kleidungsstücken der Adeligen in den Szenen bei Hof und den Kostümen der Schauspieler:innen in den Abschnitten rund um Nym, Bardolph und Pistol, die als Vertreter:innen einfacher Bevölkerungsschichten keinen Schmuck und nur blasse Farben aufweisen. Während ihr Umfeld und ihr Erscheinungsbild hier schlicht, aber gepflegt wirkt, ist ihre Kleidung im Film der 1980er Jahre ausschließlich braun und grau und dabei zum Teil zerfetzt und löchrig. Das Haar wirkt ungekämmt, die Gesichter erscheinen pockennarbig und schmutzig. Diese Veränderung bestärkt das soziale Gefälle zwischen den Akteur:innen. Die jüngste Version von 2019 befasst sich weniger damit, da diese Figuren fehlen, stellt dafür jedoch die einfache Bevölkerung Londons ähnlich heruntergekommen dar, wie es im Fall der betrachteten Marktszene in Eastcheap erkennbar ist.

Nym, Bardolph und Pistol sind in den ersten beiden Filmen Nebencharaktere, die den Verlauf der Geschichte nicht als Teil der adeligen Kreise, sondern aus dem Blickwinkel von Männern niedrigerer Geburt erleben. In Shakespeares Werk dienen sie vor allem für humoristische Einlagen und die Auflockerung der ernsten Handlung.

301 Vgl. Enzyklopädie des Märchens 1 (1977), s.v. Arm und reich, Sp. 789f.
302 Vgl. Enzyklopädie des Märchens 6 (1990), s.v. Herr und Knecht, Sp. 879.

Besonders Bardolph, der insgesamt in vier Stücken des Autors auftritt, fungiert mit seinem pockigen Gesicht und seiner ständig entzündeten, roten Nase als Ziel von Späßen und ist folglich eine Art Narrenfigur. Daneben illustrieren diese Figuren jedoch auch den Werdegang Heinrichs, denn in den beiden Teilen von *Henry IV* treten sie während seiner Jugendzeit als wilde Kumpanen auf, die er mitsamt seiner Vergangenheit in *Henry V* hinter sich gelassen hat, um der Verantwortung als König gerecht zu werden.[303] Falstaff kommt hingegen in *The King* eine besondere Rolle zu, da er als engster Vertrauter und Berater Heinrichs fungiert. Trotzdem trägt auch seine Figurenzeichnung narrenhafte Züge. Als rauer „Haudegen" ist er es, der mit dem jungen Prinzen auf Augenhöhe kommuniziert und ihn auf seinem Werdegang zum verantwortungsvollen König mit Ratschlag und Tadel unterstützt. Die klassische Abstufung zwischen Herr und Knecht wird hier außer Kraft gesetzt.[304]

Während Nym, Bardolph und Pistol in der Fassung von 1944 als unterhaltsame Figuren konzipiert sind, schlägt Branaghs Film von 1989 deutlich ernstere Töne an. Dies wird besonders klar, als Bardolph in Frankreich trotz eines ausdrücklichen königlichen Verbots dabei erwischt wird, wie er eine Kirche plündert. Heinrich erfährt davon und entscheidet, ihn hinrichten zu lassen. In der älteren Version fällt diese Szene sehr knapp aus und besteht nur darin, dass der König den Bericht erhält und das Urteil spricht. Kenneth Branagh hingegen inszeniert die Stelle als Schlüsselmoment für Heinrichs Charakterentwicklung: Er sieht Bardolph in die Augen, erinnert sich in einer Rückblende an seine Jugend und ringt sichtlich mit sich selbst. Die Entscheidung, seinen alten Freund hängen zu lassen, fällt ihm schwer. Dieser Punkt in der Handlung zeigt nicht nur, dass jemand wie Bardolph trotz seiner erfolgten Beförderung zum Lieutenant ein Mann niederer Geburt bleibt, der zum Stehlen verleitet ist. Vor allem steht hier die Verpflichtung des Königs und im weiteren Sinne des Adels im Vordergrund, als Richter zu fungieren. Heinrichs Wahrnehmung seiner Pflicht bedeutet damit die endgültige Abwendung von seiner Vergangenheit und die vollendete Entwicklung zum Herrscher. Für Shakespeares Publikum dürfte es sich hierbei um die natürliche Ordnung der Dinge gehandelt haben, für moderne Filmzuschauer:innen mag hingegen die Frage aufkommen, ob diese Strafe gerechtfertigt sei und der junge König nicht lieber Gnade hätte walten lassen sollen.

An dieser Stelle wird das Machtgefüge deutlich, welches der mittelalterlichen Gesellschaft zugeschrieben wird. Das Geburtsrecht bestimmt, dass nicht jeder Mensch mit den gleichen Rechten geboren ist und höhere Stände in aller Regel politische Gewalt

303 Vgl. Kizelbach: The Pragmatics of Early Modern Politics. Power and Kingship in Shakespeare's History Plays (2014), S. 221f.

304 Vgl. Burke: Helden, Schurken und Narren (1981), S. 204.

über niedrigere Stände ausüben. Häufig wird die Rolle des Antagonist:innen in Mittelalter-Erzählungen daher von Herrschenden eingenommen, die ihre Macht willkürlich nutzen, Grausamkeit walten lassen und ihre Untertanen unterdrücken, womit sie zu Tyrann:innen avancieren.[305] Ein typisches Beispiel für eine solche Figur ist der ausbeuterische Prinz John in verschiedenen Versionen von *Robin Hood*[306]. In *The King* spielt der französische Dauphin eine derartige Rolle, der Heinrich arrogant gegenübertritt und als Exempel zwei englische Pagenjungen kaltblütig ermorden lässt, die nahe des Armeelagers Wasser holen. Die Parallelen zu dystopischen Narrationen liegen hier besonders in der Darstellung einer Welt, in der starre Hierarchien und Unterdrückung vorherrschen.[307] Im Fall der klassischen Dystopie sind die gesellschaftlichen und politischen Mechanismen, die den Einzelnen vor der Willkür der Mächtigen schützen, verloren gegangen, während ihre Entstehung im Vergangenheitsbild der Retrodystopie noch nicht erfolgt ist. Das „finstere" Mittelalter erscheint so als ein Ort, in der die Starken ohne reglementierendes Gesetz über die Schwachen bestimmen können und an dem der Tod als Strafe allgegenwärtig ist.

Zweifellos kann die mittelalterliche Gesellschaft nicht den modernen Ideen von Rechtsprechung und Demokratie gerecht werden, wenngleich die Ständegesellschaft nicht überall so kompromisslos undurchlässig und der Adel nicht so uneingeschränkt mächtig war, wie dies zum Teil suggeriert wird. Das zeigt sich im späten Mittelalter etwa durch den Umstand, dass durch den hohen Bedarf an Arbeitskräften nach der Pest die Löhne stiegen, immer mehr Menschen ihren Arbeitsplatz frei wählten und immer seltener in Leibeigenschaft lebten.[308] Andere Beispiele sind die Emanzipation des Bürgertums in den Städten oder die Möglichkeit von Frauen, das Bürgerrecht zu erwerben und eigene Geschäfte zu führen.[309] Auch eine uniforme Portraitierung der verschiedenen Stände in Hinblick auf deren Lebensräume oder ihre Kleider kann den tatsächlichen Verhältnissen nicht gerecht werden. So existieren zahlreiche Beispiele für nichtadelige Stadtbewohner:innen, die großen Wert darauf legten, sich modisch zu kleiden.[310] Dies verweist nochmals auf die Komplexität des mittelalterlichen Gesellschaftsgefüges, das sich nicht allein auf klar definierte Stände mit einigen wenigen bestimmenden Merkmalen herunterbrechen lässt.

---

305 Vgl. Enzyklopädie des Märchens 13 (2010), s.v. Tyrannen, Sp. 1090f.

306 Besonders deutlich entspricht die Darstellung Johns diesem Bild beispielsweise in einer jüngeren Verfilmung von Ridley Scott aus dem Jahr 2010.

307 Vgl. Lehnen: Defining Dystopia (2016), S. 18.

308 Vgl. Lexikon des Mittelalters 5 (1999), s.v. Leibeigenschaft, Sp. 1846–1848.

309 Vgl. Lexikon des Mittelalters 4 (1999), s.v. Frau, Sp. 864f.

310 Vgl. Kühnel: Normen und Sanktionen (2006), S. 46f.

4.5 Das Mittelalter als moderne Projektionsfläche

Mit den Worten „Kein anderes Medium bestimmt das allgemeine Bild des Mittelalters im 20. und 21. Jahrhundert mehr als der Film."[311], begründete der Kultur- und Medienwissenschaftler Christian Kiening seine Herausgeberschaft des Bandes *Mittelalter im Film* im Jahr 2006. Die anhaltende Popularität von Filmen im mittelalterlichen Setting zeigt nicht nur die hohe Nachfrage nach diesen Stoffen, sondern auch, dass sich diese den Vorlieben und Erwartungshaltungen des Publikums gut anpassen. So blieb das Mittelalter in etwa einhundert Jahren Filmgeschichte eine fast ungebrochen beliebte Vorlage.[312] In dieser Zeit haben sich die Narrative und insbesondere die Stereotype, die üblicherweise mit der Epoche in Verbindung gebracht werden, immer wieder gewandelt. Historienfilme rezipieren solche Konventionen nicht nur, sondern entwickeln und popularisieren sie ihrerseits. Die Filmproduktionen sind jedoch immer darauf bedacht, vertraute Elemente einzubinden, die die Zuschauer:innen in ihren Erwartungen bestätigen und das Gesehene direkt verorten lassen. Ein zu großes Gefühl der Fremdheit würde ansonsten dazu führen, dass das Werk beliebig wirkt oder schlicht nicht mehr als „Mittelalter" erkannt wird.[313] Die zeitliche Distanz zum Mittelalter ermöglicht es dem Publikum darüber hinaus, genügend Abstand zum Gesehenen zu gewinnen.[314] Dadurch wird nicht zuletzt ein Gefallen an expliziten Szenen möglich, die in anderen Kontexten unter Umständen Erschrecken oder Betroffenheit auslösen würden.

Die Analysen der bekannten *Henry V*-Verfilmung von Laurence Olivier haben gezeigt, wie stark das populäre Geschichtsbild noch in den 1940er Jahren in den Darstellungen der späten Romantik verhaftet war. Die Shakespeare-Vorlage wurde mit bunter historistischer Kulisse zum Kriegsfilm rund um einen heldenhaften König, der zur Motivation der Soldaten während des Zweiten Weltkrieges die Größe der britischen Nation verkörpern sollte.[315] Das Mittelalter dieser Zeit ist der beinahe utopische Wunschtraum von einer Gesellschaft mit klar geordneten Verhältnissen und starker Führungskraft, die die ritterlichen Tugenden repräsentiert, damit letztlich über jeden Widersacher triumphiert und sich für das Wohl der Untertanen einsetzt. Kiening resümiert aus filmgeschichtlicher Perspektive über den zeitgenössischen Kontext:

311 Kiening: Mittelalter im Film (2006), S. 3.
312 Vgl. Kiening: Mittelalter im Film (2006), S. 4.
313 Vgl. Groschwitz: Authentizität, Unterhaltung, Sicherheit (2010), S. 148.
314 Vgl. Rohr: Das Mittelalter als Spiel- und Parallelwelt (2017), S. 23.
315 Vgl. Davies: Filming Shakespeare's Plays (1994), S. 27.

„Es entwickelt sich ein enormer technischer Einfallsreichtum, eine Faszination am Monumentalen und Materiell-Sinnlichen, ein Bemühen um die Leuchtkraft der Farben, die Emotionalität der Musik, die Weite des Panoramas, die Größe der Bauten, die Masse der Statisten. Es entwickelt sich aber auch, unterstützt durch die Beiziehung von Mittelalterexperten, ein Bemühen um den Realismus des Settings, die Authentizität von Dekors und Gewändern, die choreographische Genauigkeit von Turnieren, Schlachten und Burgerstürmungen.“[316]

Die folgenden Veränderungen haben diese Vorstellungswelt allerdings nicht gänzlich ersetzt. Das idealisierte Mittelalter mit seinen edelmütigen Rittern, holden Burgfräulein, stolzen Burgen und König:innen besteht in der etablierten Vorstellung weiter, wenngleich es heute tendenziell als die eher naive, kindliche Idee der Epoche verstanden wird. Entsprechend findet sie sich im 21. Jahrhundert vornehmlich in Büchern und Fernsehserien für Kinder, die in erster Linie Geschichten von Rittern und Prinzessinnen erzählen[317], oder in Märchenfilmen, welche von realen historischen Ereignissen abgekoppelt sind. In solchen Formaten dient die Epoche als Abenteuerspielplatz, als eine fiktive, aber vertraute Welt, die mit einer Vielzahl an tradierten Elementen versehen ist. Viele fasziniert am Mittelalter heute eher das Andersartige, Mythische und Mystische, weniger das alltägliche Leben in der damaligen Gesellschaft. In einer säkularisierten Welt erscheint beispielsweise die Religiosität der damaligen Menschen als fremd.[318]

Von den 1960er- bis hinein in die 1980er Jahre wandelten sich die Vorlieben des Filmpublikums deutlich und damit das transportierte Geschichtsbild. Die bisherige Welt der Ritter und Edelfrauen war womöglich zu glatt und simpel gestrickt, um den neuen Ansprüchen an das Erlebnis Film gerecht zu werden. Vielschichtigere Figuren und ernstere Geschichten wurden immer populärer, da die jüngere Generation nicht mehr unmittelbar durch die Erfahrungen des Zweiten Weltkrieges geprägt war. Anstatt der willkommenen Ablenkung durch eine bunte, unbeschwerte Erzählung waren jetzt aufregende Welten der Horror-, Science Fiction- oder Superhelden-Genres gefragt.[319] Im Zuge dessen entstand eine neue Art des Historienfilms, zu der auch Kenneth Branaghs *Henry V* von 1989 gezählt werden kann. Der junge Regisseur hatte eine für sein Empfinden geschichtsnähere Interpretation Shakespeares vor Augen, die auch

316 Kiening: Mittelalter im Film (2006), S. 8.

317 Besonders Ritter sind die überall auftretenden Protagonisten der Kinderbücher. Zahlreiche Beispiele umfassen u.a.: *Der geheimnisvolle Ritter Namenlos* (2001), *Der kleine Ritter Trenk* (2006), *Der kleine Ritter* (2008), *Ritter Tobi und der kleine Drache Hoppla* (2013), sowie: *Ritter Kuno Kettenstrumpf* (2014).

318 Vgl. Meier: Bemerkungen zur zeitgenössischen Mittelalterrezeption (2017), S. 54.

319 Vgl. dazu ausführlicher: Faulstich: Filmgeschichte (2005), S. 235–239 u. S. 240–245.

von den Schattenseiten der mittelalterlichen Realität nicht zurückschrecken sollte. Dabei verstand er das frühneuzeitliche Werk auch als Politikum, da in seinen Augen viele Züge des Dramas Parallelen zu zeitgenössischen Konflikten aufwiesen, etwa die Frage nach der Gerechtigkeit des Krieges.[320] Entsprechend sollte Branaghs Heinrich auch eine Figur sein, die durch Gewissensfragen und Widersprüche gekennzeichnet ist, wie es etwa der wesentlich dramatischer inszenierte Tod Bardolphs zeigt. Auch die Umsetzung des Filmes selbst verbindet das traditionelle Element der Shakespeare-Dialoge, die originalgetreu vorgetragen werden, mit den visuellen Konventionen der Zeit. Explizitere Gewalt, Blut und Schmutz sind während der Schlacht zu sehen, die Schlösser und Burgen erscheinen karg und düster, die Kostüme schlicht. Das Werk bedient dabei die zeitgenössische Vorliebe, die dunklen Seiten einer fiktiven Welt stärker hervortreten zu lassen. Es ist der Kontrast zum real Erfahrbaren, den das Kinoerlebnis liefern sollte, jedoch gespickt mit interpretativen Ebenen, die den aufmerksamen Zuschauer:innen auf eine Erkenntnis über die eigene Gegenwart hindeuten. Dabei kündigt sich in ersten Zügen der Reiz der Dystopie an, die, ob nun in fiktiver Zukunft oder Vergangenheit, von Metaphern oder gar offenkundigen Botschaften in Bezug auf den Zeitraum ihrer jeweiligen Entstehung gezeichnet ist.[321]

Mit immer neuen Stilrichtungen, Genres und stetig fortschreitenden technischen Möglichkeiten fand eine Diversifizierung im Kino des 21. Jahrhunderts statt, die für jeden Geschmack etwas bereithielt. Der Film sollte zum Rundumerlebnis werden und die Welten auf der Leinwand ermöglichten mittels Surround Sound und 3D-Technik ein immersives Eintauchen der Zuschauer:innen.[322] Nachdem die Werke J.R.R. Tolkiens nicht nur das Mittelalter rezipierten, sondern das gängige Mittelalterbild im Gesamten prägten[323], wurde mit dem Erfolg der Verfilmungen des Regisseurs Peter Jackson das Fantasy-Genre für ein breites Publikum salonfähig gemacht und begann immer mehr auch die Tendenzen der Historienfilme zu beeinflussen. So zeigen die veränderten Konventionen dieser Sparte eine Entwicklung, die deutliche Parallelen zu derjenigen der populären Mittelalterfilme aufweist. An der Stelle von *Der Herr der Ringe*, einer mythologisch angelegten Geschichte um den alten Widerstreit zwischen Gut und Böse, trat ab 2011 die HBO-Serie *Game of Thrones* als prägendes Fantasy-Epos auf.[324] Hier waren es moralische Graustufen, komplexe Figuren, Intrigen, Blut und

320 Vgl. Cowley: Kenneth Branagh, Theatre's New Young King, Artikel der Reader's Digest vom Februar 1990, auf: branaghcompendium.com, zuletzt aufgerufen am: 14.01.2023.

321 Vgl. Meyer: Die anti-utopische Tradition (2001), S. 19.

322 Vgl. Cousins: The Story of Film (2011), S. 434.

323 Vgl. Hornung: Mittelalter – Mittelerde – Westeros (2016), S. 356f.

324 Vgl. Hughes: Game of Thrones: how it dominated the decade – then lost its way, Guardian-Artikel vom 30.12.2019 auf: theguardian.com, zuletzt aufgerufen am: 14.01.2023.

Gewalt, die den Reiz für viele Fans ausmachten. In dieser Tradition steht auch *The King*, die *Netflix*-Produktion von 2019. Die oft düstere Atmosphäre, die Dialoge an Königshöfen und die intriganten Adeligen erinnern nicht zufällig an die Fantasy-Serie. Ganz deutlich wird es bei Einstellungen des Schlachtengewirrs, in der John Falstaff in der Masse an ringenden Körpern beinahe zu ersticken droht, denn eine fast identische Aufnahme enthielt bereits 2016 die sogenannte *Schlacht der Bastarde* in *Game of Thrones*[325]. Die Shakespeare-Verfilmung David Michôds lehnte sich erkennbar an die spektakuläre Inszenierung vorhergehender erfolgreicher Formate an und legte dabei keinen so großen Wert mehr auf eine originalgetreue Darstellung des Dramas. Daher werden hier Teile der beiden *Henry IV*-Stücke mit *Henry V* und historischen Begebenheiten vermischt. Wenngleich eine realitätsnahe Fassung beabsichtigt war, wird Heinrich auch in diesem Film heroisiert. Dabei wird ihm sogar eine Unschuld angedichtet, die man ihm historisch nicht zuschreiben kann. Das Komplott um das gefälschte Attentat, das ihn hier zum Krieg zwingt, ist schließlich frei erfunden.

Die Vorstellung des „finsteren" Mittelalters, welche die modernen Produktionen bedienen, steht bei einem breiten Publikum außerhalb der Wissenschaft nach dem abebbenden Einfluss der Romantischen Strömung in gewissem Maße wieder in einer humanistischen und aufklärerischen Tradition, die das *medium aevum* zum barbarischen, unkultivierten Zeitalter erklärte.[326] Dass dies nicht nur für die Filmwelt gilt, sondern das Geschichtsbild der gesamten Epoche prägt, beklagen Historiker:innen und Geschichtsdidaktiker:innen bereits seit den 1990er- und verstärkt seit den 2000er Jahren.[327] Die Hintergründe für diese Entwicklung sind vielschichtig, doch der Einfluss der modernen Medienlandschaft kann kaum überschätzt werden. Ein wichtiger Aspekt sind hierbei Reduktionen, die in diesem Fall den Charakter einer komplexen, zunächst undurchsichtigen geschichtlichen Epoche auf einige wenige markante Punkte wie die Pest herunterbrechen und das Bild damit verfälschen:

> „Die Medien bieten nicht mehr als ein paar Kernthemen auf einmal. Die Reduzierung der Themenbreite und die damit verbundene Betonung weniger Einzelthemen helfen dem Menschen, seine tägliche Welt besser zu überblicken und zu organisieren. Ängste erhalten somit Form und Richtung."[328]

---

325 Vgl. Sapochnik: The Battle of the Bastards (Game of Thrones, Folge 9, Staffel 6), Home Box Office, USA 2016.

326 Vgl. Klein: Mittelalter. Lehrbuch Germanistik (2006), S. 1.

327 Vgl. etwa Brieskorn: Finsteres Mittelalter? (1991), S. 7–9, sowie: Lundt: Das ferne Mittelalter in der Geschichtskultur (2009), S. 226f.

328 Hiiemäe: Strategien zur Bewältigung von Ängsten durch massenmediales Erzählen (2008), S. 247.

Reet Hiimäe verweist sogar auf den sogenannten „Agenda-Setting-Effekt“ – eine Theorie, die davon ausgeht, dass Massenmedien zwar einen geringeren Einfluss darauf haben, was die Menschen zu bestimmten Themen denken, dafür aber wesentlich mitbestimmen, worüber man sich überhaupt Gedanken macht. Je häufiger und spektakulärer dabei ein Thema und das damit verknüpfte Narrativ präsentiert wird, desto stärker tritt der Effekt auf.[329] Gerade bei Spielfilmen werden die visuellen Eindrücke unmittelbar wahrgenommen und schnell als Tatsache im Gedächtnis gespeichert. Der Historiker Edgar Wolfrum beschreibt dieses Phänomen so: „Weil der Film fertige und obendrein ‚lebendige‘ Bilder liefert, gerät das Dargestellte leichter als bei anderen Medien und Quellen ungefragt zur geschichtlichen Wahrheit.“[330] Allerdings warnt er auch davor, aus einer wissenschaftlichen Perspektive allzu verurteilend auf medial vermittelte Geschichtsbilder zu blicken:

> „Historikerinnen und Historiker müssen sich heute intensiv mit der massenmedialen Konstruktion der Vergangenheit befassen. Es ist nicht damit getan, die zeitgeschichtlichen Filme im Fernsehen, [...] naserümpfend zur Kenntnis zu nehmen [...]. Geschichtstheorie bedeutet, einfach gesagt, das Nachdenken über die Geschichte als vergangene Realität und das Wissen davon. Wenn aber dieses Wissen und damit das Geschichtsbewusstsein in besonderem Maße durch das Fernsehen und andere Massenmedien vermittelt wird, müssen Theorie und Didaktik Antworten liefern, was diese für das Geschichtslernen leisten.“[331]

Dass dieser maßgebliche Einfluss des Mediums Film auf das Geschichtsbewusstsein längst auch in akademisch geprägten Teilen der Gesellschaft Einzug gehalten hat, macht eine Studie des Geschichtsdidaktikers Andreas Sommer deutlich. Hier wurde immerhin über empirisch orientierte, qualitative Befragungen das Mittelalterbild von Geschichtsstudierenden ermittelt. Es stammt in erster Linie aus populären Filmen:

> „Die Forschungspartner nannten Aspekte wie *‚Schmutz und Unhygiene‘* [...], *‚Grausamkeiten und Gräueltaten** [...], des Weiteren werden die Assoziationen *‚dunkel und düster‘* [...] geäußert sowie der Themenbereich *‚Krankheiten‘* – vorzugsweise Pest – genannt [...] und einige der Forschungspartner [...] verwiesen auf ‚R*itter*‘.“[332]

Dementsprechend lautete auch die Ergebnislese im Folgenden: „In summa zeigen die Befunde, dass das Mittelalter von den Befragten weniger aus strukturgeschichtlicher

---

329 Vgl. Hiiemäe: Strategien zur Bewältigung von Ängsten durch massenmediales Erzählen (2008), S. 247.

330 Wolfrum: Neue Erinnerungskultur? (2003), S. 38.

331 Wolfrum: Neue Erinnerungskultur? (2003), S. 37.

332 Sommer: Geschichtsbilder und Spielfilme (2010), S. 204.

Perspektive betrachtet, sondern vorwiegend als ‚Dark Age' wahrgenommen wurde."[333] Es wird klar, dass sich die Wissenschaft und die Instanzen der Geschichtsvermittlung zunehmend damit beschäftigen müssen, wie dem prägenden Einfluss des Mediums Film auf das Geschichtsbewusstsein begegnet werden soll. Eine schlicht abweisende Haltung kann den Verlust einer gewissen Deutungshoheit über jene vergangene Realität nicht wettmachen. Stattdessen ist der Blick auf das Mittelalter als Projektionsfläche entscheidend, um zu verstehen, was die unterschiedlichen Inszenierungen dieser Epoche so attraktiv macht. Erst wenn den Vermittelnden und Lehrenden die Wirkmacht und der Facettenreichtum des medial geprägten Geschichtsbildes bewusst wird und sie sich mit den Bedürfnissen der Rezipient:innen befassen, können adäquate Konzepte entwickelt werden. Für den Lernort Schule erarbeiteten hierzu etwa Sebastian Barsch und Christoph Kühberger einen Ansatz inklusiven Geschichtsunterrichts, der verschiedene Zugänge zu einem historischen Thema anbieten und die bestehenden Vorstellungen und Erfahrungshorizonte der Schüler:innen berücksichtigen soll.[334] Bei den verschiedenen präsenten Darstellungen des Mittelalters sei es etwa entscheidend, „[…] sich auf die Herausforderungen einzulassen, die den Lernenden in der Geschichtskultur begegnen (z.B. Souvernirs, Spielzeug, TV-Dokus, Comics, Computerspiele)"[335].

Diese Herausforderung erkannten auch Fachhistoriker:innen wie Johannes Fried: „Wir Mediävisten […] müssten erst lernen, das Mittelalter transparent für heutige Zeitfragen zu machen"[336] Die Mediävistin Bea Lundt schlägt in Reaktion darauf vor:

> „Für die Vermittler von Geschichte bedeutet das auch, ihre elitäre Position im hierarchischen Gesellschaftsgefüge neu zu definieren. Es gilt etwa, die Berührungsangst gegenüber bestimmten Quellensorten und Erscheinungsformen von Geschichtsverarbeitung zu verlieren. Denn auch Narrationen verschiedener Art […], Mythen und Sagen, Symbole und Bilder, enthalten Transferleistungen, die das erfahrene Reale phantasievoll deuten. Ein spielerischer Umgang mit diesen Manifestationen von Historie in Geschichte und Gegenwart hilft, die verkrusteten Pole zwischen Wahrheit und Fiktion aufzulösen […]."[337]

Zusammengeführt lassen sich die Dimensionen der Mittelalter-Projektionen in folgende Schlagrichtungen fassen: Ein romantisches und märchenhaftes Bild dient als

333 Sommer: Geschichtsbilder und Spielfilme (2010), S. 204.
334 Vgl. Barsch / Kühberger: Mit verschiedenen Darstellungen zum Mittelalter arbeiten (2020), S. 510f.
335 Barsch / Kühberger: Mit verschiedenen Darstellungen zum Mittelalter arbeiten (2020), S. 510.
336 Fried: Die Aktualität des Mittelalters (2003), S. 29.
337 Lundt: Das ferne Mittelalter in der Geschichtskultur (2009) S. 236.

Bühne für klassische Erzählungen und der Vorstellung einer klar strukturierten Welt, in der tapfere Held:innen in meist linear konzipierten Abenteuern gegen böse Schurk:innen antreten. Es kann dabei politische Züge annehmen, denn geprägt von den tradierten Stereotypen von Rittern, Edelfräulein, Bäuer:innen und König:innen versetzt es das Publikum in eine Zeit, die als gerecht und weniger komplex, damit als durchschaubar und womöglich erstrebenswert wahrgenommen wird.[338] Interessanterweise kommt Charlotte Bühl-Gramer bei ihrer Analyse von Brettspielen mit Vergangenheitsbezug zu einer ähnlichen Erkenntnis: Durch die Verbindung einer Komplexitätsreduktion sowie dem Rückgriff auf kollektive Wissensbestände und fest verankerte populäre Geschichtsbilder kommt es zu wiederkehrenden Basisnarrativen, etwa großen Herrschern und Kriegen.[339] Gerade im 19. und dem früheren 20. Jahrhundert sind durchaus Facetten der Retrotopie Zygmunt Baumans erkennbar, die von der Erinnerung an eine „gute alte Zeit" in der Vergangenheit geprägt ist.[340] Entsprechend erzählt auch Oliviers *Henry V* von einer Glanzzeit Englands und überhöht König Heinrich als ruhmreichen Nationalhelden.

Besonders gut scheint sich das Mittelalter als Gegenbild zu den wahrgenommenen Tatsachen des jeweiligen Publikums zu eignen. Hier macht der Kontrast der fiktiven Welt zur eigenen Lebensrealität den Reiz des Stoffes aus. Dies kann einerseits für das bereits genannte romantische Bild gelten, das noch in der Nachkriegszeit eine willkommene Ablenkung darstellte – frei nach dem Motto „Mach Dir ein paar schöne Stunden – geh ins Kino"[341]. Andererseits ist es vor allem das inzwischen dominante „finstere" Mittelalter, das in diese Kategorie fällt. In vielen Filmgenres sind es fiktive Fantasiewelten, die diese Funktion erfüllen, hier ist es eine in gewissem Maße fiktive Vergangenheit. Alltag und Lebensraum der mittelalterlichen Menschen scheinen sich angesichts von mangelnder Hygiene, herrschender Armut, allgegenwärtiger Gewalt und Unterdrückung so stark von der Gegenwart zu unterscheiden, dass sie einen Kontrast zu den modernen Gewohnheiten bilden. Hieraus erwächst die Retrodystopie, welche die ansonsten auf die Zukunft gerichteten Dystopien auf das Mittelalter projiziert. Bei der medial produzierten Faszination dafür geht es in erster Linie weder darum, das reale Mittelalter erleben zu wollen, noch darum, etwas darüber zu lernen: sondern letztlich um eine zeitweilige Entlastung von der alltäglichen Gegenwart: „Es geht bei der modernen Inszenierung des Mittelalters mithin nicht um eine Rückkehr in die Vergangenheit, sondern um die Eröffnung neuer Erfahrungs-, Handlungs- und

338 Vgl. Krug-Richter: Abenteuer Mittelalter? (2009), S. 72.
339 Vgl. Bühl-Gramer: Geschichte im Brettspiel (2021), S. 364.
340 Vgl. Bauman: Retrotopia (2018), S. 12f.
341 Schuster: Zerfall oder Wandel der Kultur? (1999), S. 127.

Erlebnisräume"[342]. Auch Christian Rohr sieht darin mehr als nur reinen Eskapismus und nennt etwa Faktoren wie den „Ausstieg einer stressreich empfundenen Alltagswelt, das Gemeinschaftsgefühl in einer immer stärker individualisierten Gesellschaft, klar geregelte Hierarchien und (Geschlechter-)Rollenbilder, aber auch einfach die Freude an Wettkampf und (Rollen-)Spiel im Allgemeinen"[343].

Das moderne Film-Mittelalter schließlich ist eines, das eine beinah abstoßende, aber auch faszinierende Wirkung erzielt. Es scheint all zu einfach, über eine rückständige Epoche einen gewissen Grusel bei dem Gedanken zu empfinden, in dieser Zeit zu leben, sich im selben Moment als Mensch der Moderne aber ein wenig darüber erhaben zu fühlen. Im Zentrum steht eine Faszination für das Dunkle, Böse und Archaische, für Gewalt, Konflikt und menschliche Abgründe, die zwar mit der Lebenswelt des Publikums nicht direkt zusammenhängen, jedoch die bestehenden Erwartungen über die Epoche bestätigen. Sei es nun die Vorstellung, wie die Welt nach der Apokalypse aussehen mag, oder wie die Menschen der Vergangenheit lebten – realistisch erscheint, was in der kollektiven Vorstellung der Zuschauer:innen bereits als solches verankert ist. Das Mittelalter kann gar nicht mehr anders sein als schmutzig und finster, denn auf diese Art wurde es seit Jahrzehnten vermittelt.[344] So wie die Visionen düsterer Dystopien zeigen sollen, welche Zukunft der Menschheit bevorstehen könnte, repräsentiert das Mittelalter der letzten Jahrzehnte eine barbarische Vergangenheit, in die die Gesellschaft womöglich zurückzufallen droht. Die politische Dimension einer kontrollierenden und unterdrückenden Obrigkeit ist durch die übliche Inszenierung von Adel und Kirche gegeben. Der Charakter postapokalyptischer Dystopien, die häufig von Grausamkeit und Überlebenskampf gezeichnet sind und in einer Welt spielen, in der das Recht des Stärkeren gilt, entspricht der filmischen Darstellung des mittelalterlichen Gesellschaftssystems und der häufigen Präsenz von Hunger und Krieg.

342 Buck / Brauch: Das Mittelalter zwischen Vorstellung und Wirklichkeit (2011), S. 51.
343 Rohr: Das Mittelalter als Spiel- und Parallelwelt (2017), S. 23.
344 Vgl. Brieskorn: Finsteres Mittelalter? (1991), S. 7f.

5. Zwischen utopischen Idealen und dystopischen Schreckbildern

„Keine Epoche ist so unter Vorurteilen verschüttet wie das Mittelalter“[345], klagte Eva-Maria Schnurr 2015 in ihrem eingangs genannten Artikel. Immer wieder bezieht die Geschichtswissenschaft deshalb Stellung gegen die populären Bilder der Epoche, die eine Rezeption auf wissenschaftlicher Basis langsam zu ersetzen scheinen.[346] Wie sich herausstellte, sind diese Mahnungen nicht unbegründet. In der modernen Vorstellungswelt über das Mittelalter mischen sich viele unterschiedliche Stereotype, die einerseits auf das Fortschrittsdenken der Aufklärung und die historistischen Impulse der Spätromantik, andererseits auf die Konventionen und Mechanismen der modernen Medien zurückgehen:

> „Das romantische Mittelalterbild in Literatur, Kunst und Geschichtsschreibung war einerseits durch ein verklärendes, literarisch geprägtes Ideal tugendhafter Ritter, minnewürdiger Damen und guter, weil ursprünglich-naiver Menschen geprägt [...]. Andererseits gehört aber auch die düstere, bereits in der Aufklärung vorbereitete Vision eines von Armut, Seuchen und Unterdrückung gekennzeichneten Mittelalters zu den Kennzeichen der romantischen Perspektive, die das Mittelalter ins Negative überzeichnet.“[347]

Diese unterschiedlichen Seiten des Mittelalterbildes stehen heute nebeneinander und werden vermischt, wobei das Verständnis der Epoche als dunkle Zeit in den letzten Jahrzehnten immer dominanter wurde. Der Blick auf ein fast 80 Jahre altes Historienepos in Form von Laurence Oliviers *Henry V* zeigt allerdings, dass die Inszenierung eines schmutzigen und rückständigen Mittelalters in der Filmlandschaft tendenziell jünger ist. Kenneth Branaghs Fassung von 1989 bildet in der Reihe an Shakespeare-Verfilmungen einen Übergangspunkt zu einer neuen Art, das Mittelalter zu inszenieren. Hier sind verbliebene Stilelemente der früheren Kostümfilme neben den stärker betonten Aspekten von Schmutz und Gewalt zu finden. In *The King* von 2019 schließlich erscheinen unhygienische Zustände und der drohende Tod als scheinbar allgegenwärtig. Diese Art der Darstellung zeichnet sich erst seit den 1960er Jahren ab, als man ein bewusstes Gegenbild zu den opulenten und farbenprächtigen Produktionen früherer Jahrzehnte entwarf, zu denen auch Oliviers Version zählt.[348] Die national-mythischen Bedeutungsmuster, mit der man das Mittelalter im 19.

345 Schnurr: Alles anders!, Online-Artikel des Spiegels vom 27.01.2015 auf: spiegel.de, zuletzt aufgerufen am: 14.01.2023.

346 Vgl. Lundt: Das ferne Mittelalter in der Geschichtskultur (2009), 226f.

347 Metzler Lexikon moderner Mythen (2014), s.v. Mittelalter, S. 254.

348 Vgl. Sommer: Geschichtsbilder und Spielfilme (2010), S. 50.

Jahrhundert versah, wirkten auf den Film der 1940er Jahre ebenso ein wie die aufkommende Sehnsucht nach Komplexitätsreduzierung, die ein klares Schwarz und Weiß in einer immer unübersichtlicheren Zeit anbot.[349] Die visuellen Unterschiede in Bereichen wie Requisite, Kostüm und Set sind ein offenkundiges Indiz für die Veränderungen in der Mittelalterrezeption der letzten Jahrzehnte. Trends und Konventionen der Filmwelt, die sich in stetigem Wandel befinden, tun dazu ihr Übriges.

Derlei Entwicklungen erhalten allerdings seit einigen Jahren nicht nur Aufmerksamkeit aus der Wissenschaft. Mit dem steigenden öffentlichen Interesse am Themenkomplex Mittelalter gibt es immer häufiger Hobbyist:innen und medial aktive Wissenschaftler:innen, die sich tiefergehend mit der Materie beschäftigen und das Geschichtsbild auch außerhalb des akademischen Bereichs zum Thema machen. Zu den Trailern und Filmausschnitten neuer Historienproduktionen auf Social-Media-Plattformen finden sich inzwischen kritische Kommentare, die die düstere Ästhetik oder die fehlende Quellenbasis bemängeln. Der britische Künstler Patrick Robinson wurde auf seiner *Facebook*-Seite mit dem Konzept erfolgreich, Bildausschnitte von Mittelalterfilmen neben von ihm bearbeiteten Versionen zu präsentieren, die dem wissenschaftlichen Kenntnisstand über die jeweiligen Zeiträume entsprechen sollen. Er erhielt so auch für das Abbild Heinrichs V. von England Zuspruch, das er auf Grundlage der BBC-Serie *The Hollow Crown* von 2012 bearbeitet hatte. Zu sehen ist dort der Heinrich aus dem Fernsehen, in eine schmutzige, formlose Rüstung gehüllt, neben ihm eine Interpretation des Königs nach historischen Vorlagen, die mit glänzendem, tailliertem Harnisch, samtenem Waffenrock und goldenem Gürtel gezeigt wird.[350] Der niederländische Cartoonist Niels Hergouwen veröffentlicht in den sozialen Medien unter dem Titel *Could be Worse* kurze Comicstrips, die unter anderem die stereotypen Darstellungen des Mittelalters parodieren. In einem Cartoon aus dem Jahr 2020 ist eine Film-Crew zu sehen, die eine Szene mit einem „medieval filter" versieht, woraufhin die Farbsättigung heruntergeschraubt, Schauspieler:innen und Set mit Schlamm eingerieben und die Häuser mit Fackeln behängt werden.[351] Auf der Videoplattform *YouTube* sind seit einigen Jahren Formate wie die des Briten Nikolas Lloyd erfolgreich, der als *Lindybeige* die ahistorischen Elemente von

349 Vgl. Metzler Lexikon moderner Mythen (2014), s.v. Mittelalter, S. 255.

350 Vgl. Post der Facebook-Seite Patrick Robinson Art and Animation vom 14.11.2020, zuletzt aufgerufen am: 13.01.2023.

351 Vgl. Post der Facebook-Seite Could be Worse vom 01.07.2020, zuletzt aufgerufen am: 13.01.2023.

Geschichtsfilmen wie *Black Death* auf humorvolle Weise kommentiert[352]. Im deutschsprachigen Raum kritisiert etwa Andrej Pfeiffer-Perkuhn mit seinem Kanal *Geschichtsfenster* öffentlich-rechtliche Dokumentationen wie jene von *Terra X*[353] und produziert eigene Informationsvideos über unterschiedliche Themen mittelalterlicher Alltagsgeschichte. Die deutsche Geschichtsagentur *Kaptorga – Visual History* berät Film- und Fernsehproduktionen und parodiert in einem Musikvideo mit der Figur *Sven Schlammlederson* die Darstellung von Wikingern in Fernsehserien wie *Vikings* (2013-2020). Dort heißt es beispielsweise:

> „Es war mal ein Wikinger, der war sehr gefährlich.
> Er hatte Fell und Leder an, Schlamm war unentbehrlich.
> So war er im Film zu sehen, heldenhaft-martialisch.
> Er hieß Sven Schlammlederson, stark und animalisch." [354]

Erkennbar ist inzwischen, wie vielgestaltig die Quellen und Ursprünge der Geschichtsbilder sind, die man in den Darstellungen der modernen Medien finden kann. Es ist ein komplexes Netz aus historischen Prägungen, tradierten Stereotypen und kulturellen Bedürfnissen, das der populären Vorstellung einer Epoche ihre Gestalt gibt. Die Kulturwissenschaftlerin Barbara Krug-Richter betont, dass sich das gegenwärtige Interesse am Mittelalter nicht vorwiegend aus einem Bedürfnis nach Bildung speise, sondern nach der Erweiterung eines sinnlichen Erfahrungshorizontes der modernen Erlebnisgesellschaft.[355] Die Popularisierung von Geschichte sollte dabei also nicht als banalisiertes Erinnern oder reine Lust an der Unterhaltung abgewertet werden. Stattdessen sind „[p]opulärkulturelle Repräsentationen und Inszenierungen von Vergangenheit […] als ‚Geschichtsmarkt' zu einem wichtigen Teil der Erlebnisgesellschaft geworden"[356].

Natürlich dienen Historienfilme vorwiegend als Unterhaltungsmedien und werden nicht in erster Linie als Bildungsformat konzipiert. Die Möglichkeit einer „authentischen" filmischen Repräsentation von Geschichte bleibt im Allgemeinen umstritten. So lässt sich kritisch nach Hedwig Röckelein resümieren, dass Schauspieler:innen und

---

352 Vgl. Black Death – part 1: the beginning bit, Video des Kanals Lindybeige vom 02.10.2014 auf: youtube.com, zuletzt aufgerufen am 14.01.2023.

353 Vgl. Terra X zerstört das Mittelalter! Eine Reaktion., Video des Kanals Geschichtsfenster vom 01.03.2022 auf: youtube.com, zuletzt aufgerufen am 14.01.2023.

354 Vgl. Sven Schlammlederson (Der Wikinger Schlamm und Leder Song) – Schlamm-und-Leder-Trilogie Teil 1, Video des Kanals Kaptorga – Visual History vom 19.07.2018 auf: youtube.com, zuletzt aufgerufen am 14.01.2023.

355 Vgl. Krug-Richter: Abenteuer Mittelalter? (2009), S. 64.

356 Spiritova, zitiert nach: Bareither / Tomkowiak: Mediated Pasts – Popular Pleasures (2020), S. 9.

Filmemacher:innen des 20. und 21. Jahrhunderts weder die Gefühle mittelalterlicher Menschen, noch Aussehen und Habitus zuverlässig rekonstruieren können. Dies gilt nicht minder für die Umwelt, in der die damaligen Menschen lebten. Daher dienen vergangene Epochen immer wieder als Projektionsflächen für die Rezipient:innen.[357] Beide Feststellungen decken sich mit dem Interpretationsansatz einer Filmlandschaft, die sich nach den zeithistorisch bedingten Bedürfnissen und Erwartungen der Konsument:innen richtet und demnach einen attraktiven Bezugsrahmen für das Publikum liefert.[358] Im Hinblick auf die Funktion des Mittelalters in diesem Zusammenhang kommt Thomas Martin Buck zu einem interessanten Befund:

> „Dass die Mittelalter-Evokation der Gegenwart tatsächlich nicht selten als Projektions-, Rückzugs- und Entlastungsraum für den modernen Menschen dient, geht auch daraus hervor, dass – trotz der unabweisbaren Sehnsucht nach dem Mittelalter – offenbar niemand im Mittelalter leben will. Der Reiz der Zeit- und Geschichtsreise [...] besteht vor allem darin, dass man diese Reise gar nicht antritt, sondern nur so tut [...].“[359]

Es wird deutlich, dass das Mittelalter seine Rolle als Bezugsfläche sehr gut erfüllt, obwohl es in seiner modernen Inszenierung fernab der Lebensrealität des heutigen Publikums liegt. Eine Lust an der fremden und doch gleichzeitig vertrauten Vergangenheit dient hier als Erlebnisangebot.[360] So vermischen sich an dieser Stelle bezeichnenderweise Baumans Retrotopie, die hoffnungsvoll auf ein ursprüngliches, überschaubares „Früher“ zurückblickt[361] mit dem von ihm zitierten Konzept der Literaturwissenschaftlerin Svetlana Boym, die von einer reflexiven Nostalgie ausgeht, welche sich an der genussvollen Auseinandersetzung mit dem Vergangenen erfreut.[362] Buck nennt dieses Phänomen in Bezug auf die Wahrnehmung des Mittelalters sogar folgerichtig eine „rückwärts gewandte Utopie“[363], klammert dadurch aber die häufig eher negativ als positiv verklärten Aspekte jüngerer Erzählungen im mittelalterlichen Gewand aus, die sie schließlich zur Retrodystopie werden lassen.

Während die klassische Dystopie als Utopie-Kritik einen warnenden Charakter besitzt[364], dient die Retrodystopie als gleichzeitig anziehendes und abstoßendes Schreckbild einer Zeit, in die sich das Publikum gerne für einige Stunden hineinversetzt. Beide

357 Vgl. Röckelein: Mittelalter-Projektionen (2007), S. 61.
358 Vgl. Schuster: Zerfall oder Wandel der Kultur? (1999), S. 127f.
359 Buck: Das Mittelalter zwischen Vorstellung und Wirklichkeit (2011), S. 50f.
360 Vgl. Buck: Das Mittelalter zwischen Vorstellung und Wirklichkeit (2011), S. 51.
361 Vgl. Bauman: Retrotopia (2018), S. 17f.
362 Vgl. Boym: Nostalgia and its Disconents (2007), S. 5.
363 Buck: Das Mittelalter zwischen Vorstellung und Wirklichkeit (2011), S. 51.
364 Vgl. Meyer: Die anti-utopische Tradition (2001), S. 19.

aber können auf ihre jeweilige Art Aufschluss über verhandelte und stattfindende Wertsetzungen und ihre zugrundeliegenden kulturellen Prozesse geben. Damit sind nicht diejenigen der dargestellten Zeit, sondern die der Erschaffer:innen und Rezipient:innen jener Dystopien gemeint, denn „[d]ie Vergangenheit steht uns nicht als Realität, sondern in Form von Deutungen zur Verfügung, die von Wertungen und künftigen Perspektiven mitbestimmt sind“[365]. Zweifellos behält der Ägyptologe und Erinnerungsforscher Jan Assmann über den populären Umgang mit der Geschichte recht: „Die Vergangenheit wird von der Gegenwart nicht einfach ‚rezipiert‘. […] [D]ie Vergangenheit wird von der Gegenwart rekonstruiert, modelliert und unter Umständen auch erfunden.“[366] In diesen Erkenntnissen liegt die Chance von Disziplinen wie der Public History, sich auf wissenschaftlicher Basis in die medialen und öffentlichen Prozesse der Geschichtsvermittlung einzubringen. Nur wenn sich die akademischen Bereiche kritisch, aber gleichwohl offen und lösungsorientiert mit dem Komplex Mittelalter in den Unterhaltungsmedien beschäftigen, können sie dem einseitigen populären Konzept der Epoche mit differenzierten und fundierten Ansätzen begegnen.

---

365 Wolfrum: Neue Erinnerungskultur? (2003), S. 38.
366 Assmann: Moses der Ägypter (2000), S. 27.

Quellen

Filme und Fernsehproduktionen

Branagh, Kenneth: Henry V, Renaissance Films / British Broadcasting Corporation, Großbritannien 1989.

DeMille, Cecil: Joan the Woman, Paramount Pictures, USA 1916.

Gilliam, Terry / Jones, Terry: Monty Python and the Holy Grail, Python (Monty) Pictures, Großbritannien 1975.

Guazzoni, Enrico: Gerusalemme liberata, Società Italiana Cines, Italien 1911.

Laste, Sigrun / Lischak, Thomas: Ein Tag im alten Rom, Ausgabe der Sendung Terra X vom 04.12.2016, Story House Productions, Deutschland 2016, verfügbar in der Mediathek, auf: zdf.de, URL: https://www.zdf.de/dokumentation/terra-x/ein-tag-im-alten-rom-102.html, zuletzt aufgerufen am: 14.01.2023.

Laste, Sigrun / Lischak, Thomas: Ein Tag im Mittelalter, Ausgabe der Sendung Terra X vom 11.12.2016, Story House Productions, Deutschland 2016, verfügbar in der Mediathek, auf: zdf.de, URL: https://www.zdf.de/dokumentation/terra-x/ein-tag-im-mittelalter-102.html, zuletzt aufgerufen am: 14.01.2023.

Méliès, Georges: Jeanne d'Arc, Star Film Company, Frankreich 1900.

Michôd, David: The King. Netflix / Plan B Entertainment, USA / Australien 2019.

Olivier, Laurence: Henry V / The Chronicle History of King Henry the Fift with His Battell Fought at Agincourt in France, Two Cities Films, Großbritannien 1944.

Sapochnik, Miguel: The Battle of the Bastards (Serie: Game of Thrones, Folge 9, Staffel 6), Home Box Office, USA 2016.

Set Report zu Henry V aus der BBC-Sendung Film 89 (1989), auf: youtube.com, URL: https://www.youtube.com/watch?v=gWDNTuf_cSg, zuletzt aufgerufen am: 14.01.2023.

Teaser zur Ausgabe Medieval London der BBC-Dokumentationsreihe Filthy Cities vom 01.04.2011, verfügbar in der Mediathek, auf: bbc.co.uk, URL: https://www.bbc.co.uk/programmes/p00g22zf, zuletzt aufgerufen am: 14.01.2023.

Historische Textquellen

Aikman, James: An account of the tournament at Eglinton, revised and corrected by several of the knights. With a biographical notice of the Eglinton family to which is prefixed a sketch of chivalry and of the most remarkable Scottish tournaments, Edinburgh 1839.

Crowther, Bosley: The Screen. Filmkritikreihe in der New York Times vom 18.06.1946, S. 30., öffentlich einsehbar im Archiv der New York Times, auf: timesmachine.nytimes.com, URL: https://timesmachine.nytimes.com/timesmachine/1946/06/18/issue.html, zuletzt aufgerufen am: 14.01.2023.

Greco, Gina / Rose, Christine (Übers.): The good wife's guide. Le ménagier de Paris. A medieval household book, Ithaca / London 2009.

Racinet, Auguste; Le costume historique. Cinq cents planches, trois cents en couleurs, or et argent, deux cents en camaieu. Types principaux du vêtement et de la parure, rapprochés de ceux de l'intérieur de l'habitation dans tous les temps et chez tous les peuples, avec de nombreux détails sur le mobilier, les armes, les objets usuels, les moyens de transport, etc, Paris 1888.

Shakespeare, William: The History of Henry the Fourth. In: Taylor, Gary u.a. (Ed.): The New Oxford Shakespeare. The Complete Works. Modern Critical Edition, Oxford 2016, S. 1275-1354.

Shakespeare, William: The Life of Henry the Fifth. In: Taylor, Gary u.a (Ed.): The New Oxford Shakespeare. The Complete Works. Modern Critical Edition, Oxford 2016, S. 1529-1606.

Shakespeare, William: The Second Part of Henry the Fourth. In: Taylor, Gary u.a. (Ed.): The New Oxford Shakespeare. The Complete Works. Modern Critical Edition, Oxford 2016, S. 1355-1436.

Internetquellen

Battle of Shrewsbury, 1403, Post der Facebook-Seite Patrick Robinson Art and Animation vom 14.11.2023, auf: facebook.com, URL: https://www.facebook.com/photo/?fbid=1519764174873591&set=pb.100064847794675.-2207520000, zuletzt aufgerufen am: 13.01.2023.

Bisset, Jennifer: Game of Thrones cinematographer defends 'too dark' episode, Artikel des Online-Magazins cnet vom 30.04.2019, auf: cnet.com, URL: https://www.cnet.com/news/game-of-thrones-cinematographer-defends-too-dark-episode/, zuletzt aufgerufen am: 14.01.2023.

Black Death – part 1: the beginning bit, Video des Kanals Lindybeige vom 02.10.2014, auf: youtube.com, URL: https://www.youtube.com/watch?v=gp5721jWjg8, zuletzt aufgerufen am 14.01.2023.

Canby, Vincent: A Down-to-Earth 'Henry V' Discards Spectacle and Pomp, Filmkritik in der New York Times vom 08.11.1989, auf: nytimes.com, URL: https://www.nytimes.com/1989/11/08/movies/review-film-a-down-to-earth-henry-v-discards-spectacle-and-pomp.html, zuletzt aufgerufen am: 14.01.2023.

Cowley, Deborah: Kenneth Branagh, Theatre's New Young King, Artikel der Reader's Digest vom Februar 1990s, auf: branaghcompendium.com, URL: https://www.branaghcompendium.com/artic-rd90.htm, zuletzt aufgerufen am: 14.01.2023.

Davies, Luke: Joel Edgerton after Gatsby, Online-Artikel in The Monthly vom Juni 2013 auf themonthly.com, URL: https://www.themonthly.com.au/issue/2013/

Die Geschichte der Ritterbünde, Rubrik auf der Homepage des Deutschen Ritterbundes, auf: deutscher-ritterbund.de, URL: https://www.deutscher-ritterbund.de/historisches, zuletzt aufgerufen am: 14.01.2023.

Ebert, Roger: Henry V, Filmkritik in der Chicago Sun-Times vom 15.12.1989, auf: rogerebert.com, URL: https://www.rogerebert.com/reviews/henry-v-1989, zuletzt aufgerufen am: 14.01.2023.

Encyclopaedia Britannica, s.v. Kenneth Branagh (letzte Aktualisierung: 06.12.2022), auf: britannica.com, URL: https://www.britannica.com/biography/Kenneth-Branagh, zuletzt aufgerufen am: 14.01.2023.

Fleming, Mike: Timothee Camalet To Play King Henry V In David Michôd Netflix Film 'The-King', Online-Artikel in Deadline vom 08.02.2018, auf: deadline.com, URL: https://deadline.com/2018/02/timothee-chalamet-the-king-henry-v-david-michod-directing-netflix-call-me-by-your-name-1202282669/, zuletzt aufgerufen am: 14.01.2023.

Gottschalk, Alexander: 8 Gründe, warum es gut ist, dass Du nicht im Frankfurt des Mittelalters lebst. Online-Artikel der Frankfurter Neuen Presse vom 26.10.2017, auf: fnp.de, URL: https://www.fnp.de/frankfurt/gruende-warum-ist-dass-nicht-frankfurt-mittelalters-lebst-10450951.html, zuletzt aufgerufen am: 14.01.2023.

Heinrich V. (1944) in der Internet Movie Database, auf imdb.com, URL: https://www.imdb.com/title/tt0036910/, zuletzt aufgerufen am: 14.01.2023.

Hentschel, Joachim: Kettenhemd im Skinny-Fit-Look, Online-Artikel des Spiegels vom 06.11.2019 auf: spiegel.de, URL: https://www.spiegel.de/kultur/tv/the-king-auf-netflix-kettenhemd-im-skinny-fit-look-a-1294803.html, zuletzt aufgerufen am: 14.01.2023.

Hughes, Sarah: Game of Thrones: how it dominated the decade – then lost its way, Online-Artikel des Guardian vom 30.12.2019, auf: theguardian.com, URL: https://www.theguardian.com/tv-and-radio/2019/dec/30/game-of-thrones-best-tv-2010s, zuletzt aufgerufen am: 14.01.2023.

Izzo, Gianluca: Auf den Thron gezwungen, Filmkritik vom 06.09.2019, auf: outnow.ch, URL: https://outnow.ch/Movies/2019/King/Review/kino/, zuletzt aufgerufen am: 14.01.2023.

june/1370181600/luke-davies/joel-edgerton-after-gatsby, zuletzt aufgerufen am: 14.01.2023.

Kleidung im Mittelalter, Artikel auf: de.wikipedia.org, URL: https://de.wikipedia.org/wiki/Kleidung_im_Mittelalter, zuletzt aufgerufen am: 14.01.2023.

List of films and television series featuring Robin Hood, Artikel auf: wikipedia.org, URL: https://en.m.wikipedia.org/wiki/List_of_films_and_television_series_featuring_Robin_Hood, zuletzt aufgerufen am: 25.03.2023.

Nagels, Philipp: So könnte sich das Leben bis 2030 verändern, Online-Artikel der WELT vom 28.12.2019, auf: welt.de, URL: https://www.welt.de/kmpkt/article204461954/7-Prognosen-So-koennte-sich-das-Leben-bis-2030-veraendern.html, zuletzt aufgerufen am: 14.01.2023.

Nerd Monday: medieval movie making 101, Post der Facebook-Seite Could Be Worse vom 01.07.2020, auf: facebook.com, URL: https://www.facebook.com/CouldBeWorseComic/photos/pb.100050311966990.-2207520000./3016286055134569, zuletzt aufgerufen am: 13.01.2023.

Nicholas Britell in der Internet Movie Database, auf: imdb.com, URL: https://www.imdb.com/name/nm1615109/, zuletzt aufgerufen am: 14.01.2023.

o.A.: 'The King' Production Designer Fiona Crombie on How She Created 15th Century England, Online-Artikel der Zeitschrift Variety vom 07.11.2019, auf: variety.com, URL: https://variety.com/2019/artisans/awards/fiona-crombie-the-king-timothee-chalamet-1203397258/, zuletzt aufgerufen am: 14.01.2023.

Outlaw King in der Internet Movie Database, auf: imdb.com, URL: https://www.imdb.com/title/tt6679794/, zuletzt aufgerufen am: 14.01.2023.

Patrick Doyle in der Internet Movie Database, auf imdb.com, URL: https://www.imdb.com/name/nm0236462/, zuletzt aufgerufen am: 14.01.2023.

Samuel, Henry: Netflix's 'The King' is anti-French nonsense that flatters a war criminal, says director of Agincourt museum, Online-Artikel vom 04.11.2019, auf: telegraph.co.uk, URL: https://www.telegraph.co.uk/news/2019/11/04/director-agincourt-museum-says-netflixs-king-anti-french-will/, zuletzt aufgerufen am: 13.01.2023.

Schnurr, Eva-Maria: Alles anders!, Online-Artikel des Spiegels vom 27.01.2015, auf: spiegel.de, URL: https://www.spiegel.de/spiegelgeschichte/mittelalter-keine-epoche-ist-so-unter-vorurteilen-verschuettet-a-1015336.html, zuletzt aufgerufen am: 14.01.2023.

Sven Schlammlederson (Der Wikinger Schlamm und Leder Song) – Schlamm-und-Leder-Trilogie Teil 1, Video des Kanals Kaptorga – Visual History vom 19.07.2018, auf: youtube.com, URL: https://www.youtube.com/watch?v=ehcekldiPoc, zuletzt aufgerufen am 14.01.2023.

Terra X zerstört das Mittelalter! Eine Reaktion., Video des Kanals Geschichtsfenster vom 01.03.2022, auf: youtube.com, URL: https://www.youtube.com/watch?v=5uRNhi1FR-g, zuletzt auferufen am: 14.01.2023.

The King im Verzeichnis der Freiwilligen Selbstkontrolle der Filmwirtschaft (FSK) auf: spio-fsk.de, URL: https://www.spio-fsk.de/?seitid=2737&tid=469&Vers=1&FGID=5270, zuletzt aufgerufen am: 14.01.2023.

The King in der Filmbewertungsplattform Rotten Tomatoes, auf: rottentomatoes.com, URL: https://www.rottentomatoes.com/m/the_king_2019, zuletzt aufgerufen am: 14.01.2023.

The King in der Internet Movie Database, auf: imdb.com, URL: https://www.imdb.com/title/tt7984766/, zuletzt aufgerufen am: 14.01.2023.

The King, Handlungsbeschreibung des Films, auf: netflix.com, URL: https://www.netflix.com/watch/80182016, zuletzt aufgerufen am: 14.01.2023.

Togas, Trachten und Turbane, Produktseite, auf: taschen.com, URL: https://www.taschen.com/pages/de/catalogue/classics/all/05425/facts.racinet_kostuemgeschichte.htm, zuletzt aufgerufen am: 14.01.2023.

William Walton in der Internet Movie Database, auf: imdb.com, URL: https://www.imdb.com/name/nm0006338/, zuletzt aufgerufen am: 14.01.2023.

Wozelka, Inge: Stinkende Stadt im Mittelalter: Köln versank in Fäkalien. Online-Artikel des Express Köln vom 04.06.2016, auf: express.de, URL: https://www.express.de/koeln/stinkende-stadt-im-mittelalter—koeln-versank-in-faekalien-24162404, zuletzt aufgerufen am: 14.01.2023.

Literatur

Aldridge, Alexandra: Scientific World View in Dystopia, Ann Arbor 1989.

Angehrn, Emil: Geschichtsphilosophie. Eine Einführung, Basel 2012.

Arnswald, Ulrich: Zum Utopie-Begriff und seiner Bedeutung in der Politischen Philosophie. In: Arnswald, Ulrich / Schütt, Hans-Peter (Hg.): Thomas Morus' Utopia und das Genre der Utopie in der Politischen Philosophie (Europäische Kultur- und Ideengeschichte, Bd. 4), Karlsruhe 2010, S. 1-36.

Bareither, Christoph / Tomkowiak, Ingrid: Mediated Pasts – Popular Pleasures. Zur Einführung. In: Dies. (Hg.): Mediated Pasts – Popular Pleasures. Medien und Praktiken populärkulturellen Erinnerns (Kulturen populärer Unterhaltung und Vergnügung, Bd. 5), Würzburg 2020, S. 7-14.

Barsch, Sebastian / Kühberger, Christoph: Mit verschiedenen Darstellungen des Mittelalters arbeiten. Eine „ramp" für inklusiven Geschichtsunterricht. In: Barsch, Sebastian / Degner, Bettina / Kühberger, Christoph / Lücke, Martin (Hg.): Handbuch Diversität im Geschichtsunterricht. Inklusive Geschichtsdidaktik, Frankfurt am Main 2020, S. 507-521.

Bauman, Zygmunt: Retrotopia, Berlin 2018.

Bechdolf, Ute: Kulturwissenschaftliche Medienforschung: Film und Fernsehen. In: Göttsch, Silke / Lehmann, Albrecht (Hg.): Methoden der Volkskunde. Positionen, Quellen, Arbeitsweisen der Europäischen Ethnologie, 2. Aufl., Berlin 2007, S. 289-316.

Benton, Janetta Rebold: Materials, Methods, and Masterpieces of Medieval Art, Santa Barbara / Denver / Oxford 2009.

Bernhard, Roland: De-Konstruktion des Mythos' der flachen Erde. Information, Quellen und Materialien zur Entschlüsselung der Erzählung über die „flache Erde des Mittelalters" in Schulbüchern. In: Historische Sozialkunde 2 (2014), S. 42-51.

Boym, Svetlana: Nostalgia and its Discontents. In: The Hedgehog Review 9/2 (2007), S. 1-7.

Breuer, Rolf: Englische Romantik. Literatur und Kultur 1760-1830, München 2012.

Brieskorn, Norbert: Finsteres Mittelalter? Über das Lebensgefühl einer Epoche, Mainz 1991.

Brunner, Philipp / zu Hüningen, James: Monumentalfilm. In: Lexikon der Filmbegriffe der Universität Kiel, s.v. Monumentalfilm, auf: filmlexikon.uni-kiel.de, URL: https://filmlexikon.uni-kiel.de/index.php?action=lexikon&tag=det&id=3360, zuletzt aufgerufen am: 14.01.2023.

Buck, Thomas Martin: Das Mittelalter zwischen Vorstellung und Wirklichkeit. In: Buck, Thomas Martin / Brauch, Nicola (Hg.): Das Mittelalter zwischen Vorstellung und Wirklichkeit. Probleme, Perspektiven und Anstöße für die Unterrichtspraxis, Münster 2011, S. 21-54.

Bühl-Gramer, Charlotte: Geschichte im Brettspiel. Theoretische Anmerkungen zu einem Phänomen populärer Geschichtskultur. In: Kühberger, Christoph (Hg.): Mit Geschichte spielen. Zur materiellen Kultur von Spielzeug und Spielen als Darstellung der Vergangenheit, Bielefeld 2021, S. 359-386.

Burde-Schneidewind, Gisela: Herr und Knecht. In: Enzyklopädie des Märchens 6 (1990), Sp. 879-889.

Burke, Peter: Helden, Schurken und Narren. Europäische Volkskultur in der frühen Neuzeit, Stuttgart 1981.

Capwell, Tobias: Armour of the English Knight. 1400-1450, London 2015.

Chernaik, Warren: The Cambridge Introduction to Shakespeare's History Plays, 2. Aufl., Cambridge 2009.

Cousins, Mark: The Story of Film, 3. Aufl., London 2011.

Crowl, Samuel: Shakespeare at the Cineplex. The Kenneth Branagh Era, Athens 2003.

Curry, Anne: Agincourt. A New History, 2. Aufl., Stroud 2006.

Davies, Anthony: Filming Shakespeare's Plays. The Adaptations of Laurence Olivier, Orson Welles, Peter Brook and Akira Kurosawa, 3. Aufl., Cambridge 1994.

Ehlers, Joachim: Der Hundertjährige Krieg, München 2009.

Enseleit, Tobias / Peters, Christian: Einleitung: Bilder vom Mittelalter. Medium – Sinnbildung – Anwendung. In: Dies. (Hg.): Bilder vom Mittelalter. Vorstellungen von einer vergangenen Epoche und ihre Inszenierung in den modernen Medien (Wissenschaftliche Schriften der WWU Münster, Reihe X, Bd. 26), Münster 2017, S. 1-44.

Enzinger, Katharina: „Braveheart" zwischen Kunst und Historiographie. In: Rohr, Christian (Hg.): Alles heldenhaft, grausam und schmutzig? Mittelalterrezeption in der Populärkultur, Zürich / Berlin 2011, S. 171-184.

Ewert, Kevin: Henry V. A Guide to the Text and its Theatrical Life, Basingstoke / New York 2006.

Faulstich, Werner: Filmgeschichte, Paderborn 2005.

Filip, Václav: Lilie, Heraldik. In: Lexikon des Mittelalters 5 (1999), Sp. 1984.

Filip, Václav: Wappen. In: Lexikon des Mittelalters 8 (1999), Sp. 2031-2034.

Fischer, Thomas / Schuhbauer, Thomas: Geschichte in Film und Fernsehen. Theorie – Praxis – Berufsfelder, Tübingen 2016.

Fried, Johannes: Die Aktualität des Mittelalters. Gegen die Überheblichkeit unserer Wissensgesellschaft, 3. Aufl., Stuttgart 2003.

Friedrich, Udo: Die ,symbolische Ordnung' des Zweikampfs im Mittelalter. In: Braun, Manuel / Herberichs, Cornelia (Hg.): Gewalt im Mittelalter. Realitäten –Imaginationen, München 2005, S. 123-158.

Fuhrmann, Horst: Einladung ins Mittelalter, 4. Aufl., München 2009.

Gallé, Volker: Vom finsteren zum bunten Mittelalter – eine Einführung. In: Ders. (Hg.): Vom finsteren zum bunten Mittelalter. Wissenschaftliches Symposium der Nibelungenliedgesellschaft und der Stadt Worms vom 16. bis 18. Oktober 2015 im Wormser Kultur- und Tagungszentrum, Worms 2017, S. 7-14.

Goetz, Hans-Werner: Einführung in die Sektion „Das Mittelalter im Geschichtsbewusstsein". In: Ballof, Rolf (Hg.): Geschichte des Mittelalters für unsere Zeit. Erträge des Kongresses des Verbandes der Geschichtslehrer Deutschlands „Geschichte des Mittelalters im Geschichtsunterricht", Quedlinburg 20.-23. Oktober 1999, Wiesbaden 2003, S. 262-264.

Goetz, Hans-Werner: Leibeigenschaft. Entwicklung. In: Lexikon des Mittelalters 5 (1999), Sp. 1846-1848.

Gomes, David: Hal, Prince Henry, Henry V. Unravelling England through Shakespeare, Kopenhagen 2011.

Groschwitz, Helmut: Authentizität, Unterhaltung, Sicherheit. Zum Umgang mit Geschichte im Living History und Reenactment. In: Bayerisches Jahrbuch für Volkskunde (2010), S. 141-155.

Hampton-Reeves, Stuart: Theatrical afterlives. In: Hattaway, Michael (Hg.): The Cambridge Companion to Shakespeare's History Plays, 2. Aufl., Cambridge 2004, S. 229-246.

Hattaway, Michael: The Shakespearean history play. In: Ders. (Hg.): The Cambridge Companion to Shakespeare's History Plays, 2. Aufl., Cambridge 2004, S. 3-24.

Havens, Timothy: Netflix. Streaming Channel Brands as Global Meaning Systems, London 2018.

Havlíček, Filip / Pokorná, Adéla / Zálešák, Jakub: Waste Management and Attitudes towards Cleanliness in Medieval Central Europe. In: Journal of Landscape Ecology 10/3 (2017), S. 5-26.

Hiiemäe, Reet: Strategien zur Bewältigung von Ängsten durch massenmediales Erzählen. In: Schmitt, Christoph (Hg.): Erzählkulturen im Medienwandel (Rostocker Beiträge zur Volkskunde und Kulturgeschichte, Bd. 3), Münster u.a. 2008, S. 245-254.

Hoffmeister, Gerhart: Deutsche und europäische Romantik, 2. Aufl., Stuttgart 1990.

Holenstein, André / Schweizer, Ruth Meyer / Weddigen, Tristan / Zwahlen, Sara Margarita: Vorwort. In: Dies. (Hg.): Zweite Haut. Zur Kulturgeschichte der Kleidung. Referate einer Vorlesungsreihe des Collegium generale der Universität Bern im Herbstsemester 2007, Bern / Stuttgart / Wien 2010, S. 7-14.

Höltenschmidt. Edith: Die Mittelalter-Rezeption der Brüder Schlegel, Paderborn u.a. 2000.

Hornung, Annabelle: Mittelalter – Mittelerde – Westeros. Das Motiv der Suche und deren Folge für die Identität des Helden. In: Ferstl, Paul / Walach, Thomas / Zahlmann, Stefan (Hg.): Fantasy Studies, Wien 2016, S. 347-375.

Huber, Bernhard: „Der Name der Rose" und die „Aufklärung" des Mittelalters!? In: Rohr, Christian (Hg.): Alles heldenhaft, grausam und schmutzig? Mittelalterrezeption in der Populärkultur, Zürich / Berlin 2011, S. 119-128.

Huber-Rebenich, Gerlinde: Neue Funktionen der Dichtung im Humanismus? In: Maissen, Thomas / Walther, Gerrit (Hg.): Funktionen des Humanismus. Studien zum Nutzen des Neuen in der humanistischen Kultur, Göttingen 2006, S. 49-75.

Husband, Timothy: The Art of Illumination. The Limbourg Brothers and the Belles Heures of Jean de France, Duc de Berry, New York 2008.

Huss, Nicolas: Ist das Mittelalter oder kann das weg? In: Paidia. Zeitschrift für Computerspielforschung, auf: paidia.de URL: paidia.de/ist-das-mittelalter-oder-kann-das-weg-zur-debatte-um-authentizitaet-in-kingdome-come-deliverance, Artikel vom 30.06.18, letzter Aufruf: 06.01.23.

Jaeger, Friedrich: Historismus. In: Enzyklopädie der Neuzeit 5 (2007), Sp. 532-539.

Kablitz, Andreas: Aufbruch zur Neuzeit? Petrarca und das Ende des Mittelalters. In: Geyer, Paul / Thorwarth, Kerstin (Hg.): Petrarca und die Herausbildung des modernen Subjekts, Göttingen 2009, S. 45-58.

Keupp, Jan: Mode im Mittelalter, 2. Aufl., Darmstadt 2016.

Kiening, Christian: Mittelalter im Film. In: Kiening, Christian / Adolf, Heinrich (Hg.): Mittelalter im Film (Trends in Medieval Philology, Bd. 6), Berlin / New York 2006, S. 3-104.

Kizelbach, Urszula: The Pragmatics of Early Modern Politics. Power and Kingship in Shakespeare's History Plays (Costerus New Series, Bd. 206), Amsterdam / New York 2014.

Klein, Dorothea: Mittelalter. Lehrbuch Germanistik, Stuttgart / Weimar 2006.

Köck, Christoph: Kulturanalyse popularer Medientexe. In: Göttsch, Silke / Lehmann, Albrecht (Hg.): Methoden der Volkskunde. Positionen, Quellen, Arbeitsweisen der Europäischen Ethnologie, 2. Aufl., Berlin 2007, S. 343-363.

Krah, Hans: Weltuntergangsszenarien und Zukunftsentwürfe. Narrationen vom Ende in Literatur und Film. 1945-1990 (Literatur- und Medienwissenschaftliche Studien, Bd. 4). Kiel 2004.

Kreutziger-Herr, Annette: Mittelalterrezeption. In: Enzyklopädie der Neuzeit 8 (2008), Sp. 610-620.

Krug-Richter, Barbara: Abenteuer Mittelalter? Zur populären Mittelalter-Rezeption in der Gegenwart. In: Österreichische Zeitschrift für Volkskunde 112/2 (2009), S. 53-75.

Krumeich, Gerd: Jeanne d'Arc. Die Geschichte der Jungfrau von Orleans, München 2006.

Kühnel, Harry: Normen und Sanktionen. In: Ders. (Hg.): Alltag im Spätmittelalter, 4. Aufl., Augsburg 2006.

Lamping, Dieter: Handbuch der literarischen Gattungen, Stuttgart 2009.

Lehnen, Christine: Defining Dystopia. A Genre Between The Circle and The Hunger Games. A Functional Approach to Fiction, Marburg 2016.

Leyser, Karl: Stand als Kategorie sozialer Ordnung. In: Lexikon des Mittelalters 8 (1999), Sp. 45-47.

Loyns, Justin: Churchill, Shakespeare, and Agincourt. Online-Artikel des Hillsdale Colleges vom 24.10.2015 auf: winstonchurchill.hillsdale.edu, URL: https://winstonchurchill.hillsdale.edu/churchill-shakespeare-and-agincourt/, zuletzt aufgerufen am: 14.01.2023.

Lundt, Bea: Das ferne Mittelalter in der Geschichtskultur. In: Oswalt, Vadim/ Pandel, Hans-Jürgen (Hg.): Geschichtskultur. Die Anwesenheit von Vergangenheit in der Gegenwart, Schwalbach 2009, S. 225-236.

Maase, Kaspar: Grenzenloses Vergnügen. Der Aufstieg der Massenkultur 1850-1970, Frankfurt am Main 1997.

Maase, Kaspar: Populärkulturforschung. Eine Einführung (Edition Kulturwissenschaft, Bd. 190), Bielefeld 2019.

Mattox, John Mark: Henry V: Shakespeare's Just Warrior. In: War, Literature & the Arts (Spring / Summer 2000), S. 30-53.

McDonald, Kevin / Smith-Rowsey Daniel: Introduction. In: Smith-Rowsey, Daniel (Hg.): The Netflix Effect. Technology and Entertainment in the 21st Century, New York / London 2016, S. 1-12.

Meier, Frank: „Unverständig wären die Menschen wie das liebe Vieh, wenn nicht die sechs Weltzeitalter hätten unterrichtet sie" – Bemerkungen zur zeitgenössischen Mittelalterrezeption. In: Gallé, Volker (Hg.): Vom finsteren zum bunten Mittelalter.

Wissenschaftliches Symposium der Nibelungenliedgesellschaft und der Stadt Worms vom 16. bis 18. Oktober 2015 im Wormser Kultur- und Tagungszentrum, Worms 2017, S. 35-61.

Menninger, Annerose: Historienfilme als Geschichtsvermittler. Kolumbus und Amerika im populären Spielfilm, Stuttgart 2010.

Merkel, Ina: Historisch-kritische Filmanalyse. In: Bischoff, Christine/ Leimgruber, Walter/ Oehme-Jüngling, Karoline (Hg.): Methoden der Kulturanthropologie, Bern 2014, S. 257-272.

Meyer, Heinz Hermann / Brunner, Philipp: Kriegsfilm. In: Lexikon der Filmbegriffe der Universität Kiel, auf: filmlexikon.uni-kiel.de, URL: https://filmlexikon.uni-kiel.de/index.php?action=lexikon&tag=det&id=236, zuletzt aufgerufen am: 14.01.2023.

Meyer, Heinz-Hermann: Durchhaltefilm. In: Lexikon der Filmbegriffe der Universität Kiel, auf: filmlexikon.uni-kiel.de, URL: https://filmlexikon.uni-kiel.de/index.php?action=lexikon&tag=det&id=6992, zuletzt aufgerufen am: 14.01.2023.

Meyer, Stephan: Die anti-utopische Tradition. Eine ideen- und problemgeschichtliche Darstellung, Frankfurt am Main 2001.

Mikos, Lothar: Vergnügen. In: Hepp, Andreas u.a. (Hg.): Handbuch Cultural Studies und Medienanalyse, Wiesbaden 2015, S. 219-226.

Monnas, Lisa: Reading English Royal Inventories. Furnishings and Clothing in the Inventory of King Henry V (r. 1413-1422). In: Ertl, Thomas / Karl, Barbara (Hg.): Inventories of Textiles – Textiles in Inventories. Studies on Late Medieval and Early Modern material culture, Göttingen 2017, S. 89-110.

Mortimer, Ian: 1415. Henry V's Year of Glory, London 2009.

Newton, Stella Mary: Fashion in the Age of the Black Prince. A Study of the Years 1340-1365, Woodbridge / Totowa 1980.

Nörtersheuser, Hans-Walter: Arm und reich. In: Enzyklopädie des Märchens 1 (1977), Sp. 789-794.

Pölzl, Michaela: Mittelalterrezeption im Blockbuster-Kino. Einleitung. In: Fischer, Martin / Pölzl Michaela (Hg.): Blockbuster Mittelalter. Akten der Nachwuchstagung Bamberg, 11.-13.06.18, Bamberg 2018.

Poppe, Sandra: Visulität in Literatur und Film. Eine medienkomparatistische Untersuchung moderner Erzähltexte und ihrer Verfilmungen, Göttingen 2007.

Raedts, Peter: Die Entdeckung des Mittelalters. Geschichte einer Illusion, Darmstadt 2016.

Richter, Dieter: Utopie, Utopia. In: Enzyklopädie des Märchens 13 (2010), Sp. 1289-1303.

Röckelein, Hedwig: Mittelalter-Projektionen. In: Meier, Mischa/ Slanička, Simona (Hg.): Antike und Mittelalter im Film. Konstruktion – Dokumentation – Projektion (Beiträge zur Geschichtskultur, Bd. 29), Köln / Weimar / Wien 2007, S. 41-62.

Rohr, Christian: Das Mittelalter als Spiel- und Parallelwelt – Annäherungen und Klischeebildung in der modernen Populärkultur. In: Gallé, Volker (Hg.): Vom finsteren zum bunten Mittelalter. Wissenschaftliches Symposium der Nibelungenliedgesellschaft und der Stadt Worms vom 16. bis 18. Oktober 2015 im Wormser Kultur- und Tagungszentrum, Worms 2017, S. 15-34.

Röhrich, Lutz: König, Königin. In: Enzyklopädie des Märchens 8 (1996), Sp. 134-148.

Rouse: Environmental Management in Medieval London: Was London a "Filthy City"?, Manawatu 2013.

Saage, Richard: Politische Utopien der Neuzeit (Herausforderungen, Historisch-politische Analysen, Bd. 11), Bochum 2000.

Scharff, Thomas: Wann wird es richtig mittelalterlich? Zur Rekonstruktion des Mittelalters im Film. In: Meier, Mischa / Slanička, Simona (Hg.): Antike und Mittelalter im Film. Konstruktion – Dokumentation – Projektion (Beiträge zur Geschichtskultur, Bd. 29), Köln / Weimar / Wien 2007, S. 63-83.

Schlichter, Ansgar: Kostümbild. In: Lexikon der Filmbegriffe der Universität Kiel, auf: filmlexikon.uni-kiel.de, URL: https://filmlexikon.uni-kiel.de/doku.php/k:kostumbild-6681, zuletzt aufgerufen am: 25.03.2023.

Schossböck, Judith: Das bin doch (nicht) ich. Identität und personale Einzigartigkeit in postapokalyptischen Szenarien. In: Wieser, Veronika u.a. (Hg.): Abendländische Apokalyptik. Kompendium zur Genealogie der Endzeit, Berlin 2013, S. 299-312.

Schuster, Andrea: Zerfall oder Wandel der Kultur? Eine kultursoziologische Interpretation des deutschen Films, 2. Aufl., Wiesbaden 1999.

Sievers, Kai Detlev: Volkskundliche Fragestellungen im 19. Jahrhundert. In: Brednich, Rolf Wilhelm (Hg.): Grundriß der Volkskunde. Einführung in die Forschungsfelder der Europäischen Ethnologie, 3. Aufl., Berlin 2001, S. 31-52.

Simmons, Clare: Popular Medievalism in Romantic-Era Britain (Nineteenth-Century Major Lives and Letters), New York 2011.

Simmons, Clare: Romantic medievalism. In: D'Arcens, Louise (Hg.): The Cambridge Companion to Medievalism, Cambridge 2016, S. 103-118.

Sommer, Andreas: Geschichtsbilder und Spielfilme. Eine qualitative Studie zur Kohärenz zwischen Geschichtsbild und historischem Spielfilm bei Geschichtsstudierenden (Geschichtskultur und historisches Lernen, Bd. 5), Berlin 2010.

Sutter, Ove u.a.: Planen. Hoffen. Fürchten. Zur krisenhaften Gegenwart der Zukunft im Alltag. In: Dies. (Hg.): Planen. Hoffen. Fürchten. Zur krisenhaften Gegenwart der Zukunft im Alltag (Bonner Beiträge zur Alltagskulturforschung, Bd. 13), Münster 2021, S. 7-24.

Ubl, Karl: Tyrannen. In: Enzyklopädie des Märchens 13 (2010), Sp. 1090-1094.

Uerlings, Herbert: Friedrich von Hardenberg, genannt Novalis. Werk und Forschung, Stuttgart 1991.

von Beyme, Klaus: Rechtspopulismus. Ein Element der Neodemokratie?, Wiesbaden 2018.

von Borries, Bodo: Das Mittelalter im Geschichtsbewusstsein von Jugendlichen. In: Ballof, Rolf (Hg.): Geschichte des Mittelalters für unsere Zeit. Erträge des Kongresses des Verbandes der Geschichtslehrer Deutschlands „Geschichte des Mittelalters im Geschichtsunterricht" Quedlinburg 20.-23. Oktober 1999, Wiesbaden 2003, S. 279-291.

Wagner, John: Encyclopedia of the Hundred Years War, Westport / London 2006.

Walther, Gerrit u.a.: Romantik. In: Enzyklopädie der Neuzeit 11 (2017), Sp. 335-369.

Weber, Nicola Valeska: Überblendungen. Das Mittelalter im Kulturfilm des Nationalsozialismus. In: Steinkamp, Maike / Reudenbach, Bruno (Hg.): Mittelalterbilder im Nationalsozialismus, Berlin 2013, S. 89-102.

Wehle, Winfried: Auf der Höhe einer abgründigen Vernunft. Giambattista Vicos Epos einer „Neuen Wissenschaft“, in: Galle, Roland / Pfeiffer, Helmut (Hg.): Aufklärung, München 2007, S. 149-170.

Weiss, Daniel: Architectural Symbolism and the Decoration of the Ste.-Chapelle (The Art Bulletin, Vol. 77/2), New York 1995.

Wensky, Margret: Die Frau in der städtischen Gesellschaft. In: Lexikon des Mittelalters 4 (1999), Sp. 864-865.

Wolfrum, Edgar: Neue Erinnerungskultur?. Die Massenmedialisierung des 17. Juni 1953. In: Aus Politik und Zeitgeschichte 40/41 (2003), S. 33-39.

Wulff, Hans Jürgen: establishing shot. In: Lexikon der Filmbegriffe der Universität Kiel, s.v. establishing shot, auf: filmlexikon.uni-kiel.de, URL: https://filmlexikon.uni-kiel.de/index.php?action=lexikon&tag=det&id=140, zuletzt aufgerufen am 14.01.2023.

Wulff, Hans Jürgen: Kostümfilm. In: Lexikon der Filmbegriffe der Universität Kiel, auf: filmlexikon.uni-kiel.de, URL: https://filmlexikon.uni-kiel.de/index.php?action=lexikon&tag=det&id=591, zuletzt aufgerufen am: 14.01.2023.

Zeppezauer, Katharina: Kurzwîl oder Entertainment. Ein einleitender Erklärungsversuch des Faszinosums „Mittelalterrezeption“. In: Rohr, Christian (Hg.): Alles heldenhaft, grausam und schmutzig? Mittelalterrezeption in der Populärkultur, Zürich / Berlin 2011, S. 13-24.

Zoré, Ingrid: Anprobe. In: Lexikon der Filmbegriffe der Universität Kiel, auf: filmlexikon.uni-kiel.de, URL: https://filmlexikon.uni-kiel.de/doku.php/a:anprobe-7107, zuletzt aufgerufen am: 25.03.2023.